BRÈVE HISTOIRE
DE L'ISLAM
À L'USAGE DE TOUS

Du même auteur

L'Argent des Arabes, Hermé, 1992.
Les Réseaux d'Allah : les filières islamistes en France et en Europe, Plon, 1997 ; rééd. 2001.
L'Islam en 50 clés, Bayard, 2006.
Vers l'Orient compliqué : les Américains et le monde arabe, Grasset, 2006 ; Livre de poche, 2008.
Tunisie, terre de paradoxes, L'Archipel, 2006.
L'Islam contre l'islam : l'interminable guerre des sunnites, Grasset, 2013 ; Livre de poche, 2014.

En collaboration
(dir.), *Atlas des religions*, Perrin-Mame, 1993 ; rééd. 1999.
(dir.), *Dictionnaire mondial de l'islamisme*, Plon, 2002.
Avec Georges Dagher (dir.), *L'Équerre et le Croissant : la franc-maçonnerie en terre d'Islam*, Les Cahiers de l'Orient, 2003.
Avec Katia Mrowiec et Michel Kubler, *Dieu, Yahweh, Allâh : les grandes questions sur les trois religions*, Bayard Jeunesse, 2004 ; rééd. 2013.
Avec René Andrau, *Liberté, égalité, islam : la République face au communautarisme*, Tallandier, 2005.
Avec Nicole Bacharan, *Américains, Arabes : l'affrontement*, Le Seuil, 2006.
(dir.), *Dictionnaire géopolitique de l'islamisme*, Bayard, 2009.
Avec Christian Chesnot, *Orient-Occident, le choc ? Les impasses meurtrières*, Calmann-Lévy, 2009 ; Livre de poche, 2010.
(dir.), *Dictionnaire du Moyen-Orient*, Bayard, 2011.

Antoine SFEIR

BRÈVE HISTOIRE DE L'ISLAM À L'USAGE DE TOUS

Nouvelle édition

Champs essais

ISBN : 978-2-0813-6347-2

Introduction

L'un des caractères de l'esprit humain, caractère remarquable par son universalité et sa persistance, est depuis l'aube des temps sa recherche acharnée d'un pouvoir surnaturel, d'un être suprême qui donne un sens à son existence sur terre, et une vision de l'au-delà liée à cette idée indicible du sacré.

Au-delà des philosophies religieuses asiatiques, les religions révélées – judaïsme, christianisme – se sont incarnées au Proche-Orient. N'était-il pas naturel que le Moyen-Orient, qui semblait oublié des dieux, connaisse à son tour ce phénomène religieux, par la naissance de l'islam, parachevant le caractère universel de la relation de l'homme avec le divin ?

Mais, il y a quelques décennies encore, l'islam nous semblait lointain.

Aujourd'hui, dans une histoire mondialisée faite de flux migratoires massifs, l'islam – que nous le voulions ou non – fait partie de notre quotidien.

L'échec du libéralisme, l'effondrement du communisme ont eu raison de nos certitudes. Le troisième millénaire s'ouvre sur les angoisses des fléaux dits religieux ; le risque n'est-il pas grand de voir les églises, les synagogues et les mosquées se substituer à ce totalitarisme qu'elles ont autrefois combattu ? Ne faut-il pas parler de la montée d'une religiosité diffuse, qui se manifeste notamment par la montée des sectes ? Comment expliquer la fièvre effervescente qui traverse les terres d'islam ?

L'islam nous fait peur, sans doute parce que nous ne le connaissons pas. Et cette peur fait de nous des acteurs d'un rapport de force établi qui, souvent, n'a pas lieu d'être.

« La religion – nous dit le *Larousse* – est un ensemble de dogmes et de pratiques ayant pour objet les rapports de l'homme avec la puissance divine et propre à un groupe social ; c'est l'observation des croyances, des pratiques instituées pour rendre hommage à la divinité. »

L'islam, avec ses règles et ses interdits, avec ses croyances et ses pratiques culturelles et cultuelles, nous heurte parce qu'il est différent ; comme dans toute rencontre interculturelle, il nous faut alors « apprendre l'autre ».

Apprendre, c'est avant tout connaître et savoir. C'est ensuite reconnaître pour respecter. C'est enfin accepter : non pas l'autre, mais le fait que nous ne sommes pas seuls et que nous ne constituons pas la référence culturelle universelle. Ce cheminement, cette initiation à l'autre exige le même volontarisme de sa part ; c'est ce qui rend le dialogue si difficile.

Mais ne nous leurrons pas : en aucun cas ce dialogue ne peut être religieux. Chacune des religions révélées croit intimement et fermement posséder « la vérité ». Nous ne pouvons nous faire intellectuellement plaisir en affirmant participer à un dialogue interreligieux. Nous serions beaucoup plus efficaces en instituant un dialogue interculturel. Car les religions, en s'accrochant à l'apparence visible de « leur » vérité, peuvent être – et sont souvent – meurtrières ; la foi, quant à elle, ne l'est jamais. Les attentats des 7, 8 et 9 janvier 2015 à Paris sont là pour nous le rappeler, commis par des jeunes venus du petit banditisme en déstructuration identitaire, personnelle et familiale qui ont cru trouver dans la religion le repère qui leur manquait par ailleurs.

C'est là la seule prétention de cette *Brève histoire de l'islam à l'usage de tous* : donner à tout un chacun les notions fondamentales de l'islam qui puissent, par la connaissance, le pousser à avoir le goût d'aller plus loin vers l'Autre.

En un mot, être une passerelle.

À chaque ouverture de chapitre est calligraphié l'un des dix-huit premiers noms de Dieu en arabe, dont le lecteur trouvera la liste aux pages 48-52.

Chapitre premier

L'Arabie avant Mahomet

أَلْعَدْلُ

Avant Mahomet (Mouhammad en arabe) et avant l'islam, le Proche et le Moyen-Orient étaient habités par une population nomade regroupée en tribus et remontant, de ce qui est le Yémen aujourd'hui à travers le chemin des oasis dans le désert arabique, vers les rivages syriens ou la Mésopotamie. Coincées entre l'Empire byzantin et l'Empire perse, ces tribus se composaient sur le plan religieux d'une population juive, chrétienne ou païenne.

Les chrétiens sortaient de plusieurs siècles de déchirures suite aux débats sur la nature du Christ et à plusieurs conciles œcuméniques consacrés à cette question. Sur le plan géopolitique, l'Empire perse et l'Empire byzantin se livraient une guerre depuis quarante ans. Deux grandes tribus s'affrontaient : d'une part, les Sassanides – qui combattaient pour le compte des Perses – et les Ghassanides, et de l'autre, une tribu chrétienne qui se battait pour le compte de l'Empire byzantin. C'est dans ce contexte d'un Moyen-Orient habité par des tribus, certaines nomades, d'autres sédentaires, qu'allaient surgir des bouleversements profonds : les juifs avaient reçu leur révélation ; les chrétiens aussi ; les Arabes n'avaient-ils pas droit à la leur ?

Le flux des caravaniers

Cette partie du monde était parcourue par des caravanes qui apportaient vers le Proche-Orient, et notamment vers la Mésopotamie et la Syrie, les produits rares venus du monde indien : épices, soies, textiles ; ces mêmes caravanes rapportaient vers le monde indien quelques produits issus de la région du Proche et du Moyen-Orient.

Les caravaniers faisaient souvent halte dans des grandes villes pour se désaltérer, pour participer aux grandes foires commerciales et aussi, bien entendu, pour rendre hommage aux divinités de la ville. C'était le cas de La Mecque. En plein cœur du désert arabique, elle accueillait en grand nombre caravanes et commerçants venus de tout le Moyen-Orient. La ville organisait foires et fêtes autour de rites consacrés à quelques divinités, notamment féminines, censées protéger non seulement les caravanes elles-mêmes mais également les produits qu'elles transportaient, et surtout les caravaniers.

C'est la tribu des Qoreichites qui dirigeait la ville. Conscients que les rites religieux apportaient la prospérité, les Qoreichites et notamment le clan qui détenait le pouvoir à La Mecque étaient soucieux que rien ne vienne perturber cet ordre établi, à la fois religieux et sociologique. Les différents clans de la tribu étaient en charge des services communs. Ainsi le clan des Bani Taleb était chargé de distribuer l'eau, si précieuse dans le désert, à toute la tribu. Au sein de ce clan se trouvait la famille des Hachem, dont le futur prophète Mahomet faisait partie.

À l'époque, la tribu est la cellule première de la société ; c'est autour d'elle que s'articule la vie quotidienne ; elle est pour cette région ce que la famille est pour nos pays d'aujourd'hui, avec les ascendants, les descendants et les collatéraux.

L'allégeance est faite au chef de la tribu qui est coopté par tous les chefs de clans, ou le conseil des anciens, les clans eux-mêmes comprenant les familles au sens occidental du terme.

Marchés et sanctuaires

C'est au Ve siècle que les Qoreichites, tribu nomade de la péninsule, se sédentarisent et fondent La Mecque. Ils en font assez rapidement un marché pour les caravanes de passage, mais également un sanctuaire. Ils trouvent un énorme cube de maçonnerie dont la légende fait remonter la création à Abraham : la Kaaba. Ce cube jouissait d'une grande notoriété dans la région grâce à la pierre noire, une météorite semble-t-il, qui y était enchâssée. Elle était déjà un lieu de pèlerinage des tribus avoisinantes qui venaient se plaindre ou réclamer justice pour des litiges de voisinage, soit de razzia, soit d'autres problèmes du quotidien.

Si la plupart des Arabes, qu'ils soient du Nord ou du Sud, pratiquaient le paganisme, il ne faut pas oublier que des communautés chrétiennes s'étaient formées dans la péninsule Arabique, notamment au Yémen où la ville de Najran était le siège d'un grand évêché. Des communautés juives vivaient également au Yémen et dans les grandes oasis du Hedjaz, comme Yathrib ou Khaibar. Il existait, par ailleurs, des religieux (Hânifs) vivant en solitaires et qui étaient monothéistes, sans être juifs ou chrétiens.

C'est dans ce contexte que naît l'islam, avec la prédication de Mahomet. Jusque-là, cette région de l'Arabie était en marge des grands empires qui s'étaient succédé.

La *djahiliyya*, l'ignorance d'avant l'islam

Les Arabes n'ont pas attendu la naissance de l'islam pour avoir une histoire. Cette période, qu'on appelle depuis la naissance de l'islam la *djahiliyya*, c'est-à-dire l'ignorance, était caractérisée par une vie précaire à l'intérieur de la tribu nomade ou du clan. Les Bédouins étaient essentiellement unis entre eux par la *assabiyya*, terme qui désigne un lien social qui dépasse les liens du sang, tout en entretenant des liens familiaux claniques et tribaux. Le chef avait la responsabilité d'assurer le « gîte et le couvert » à tous les membres de sa tribu ou de son clan. C'est pour cela que les Bédouins avaient souvent recours au *ghazou* ou razzia, pratique qui n'avait rien de déshonorant dans la mesure où elle permettait d'assurer la viande et autres besoins de première nécessité aux membres de la tribu et du clan.

Leur idéal était la *mourouwwa*, concept intraduisible qui impliquait à la fois la virilité, le courage physique, l'équité, la justice, l'honneur, etc. Le chef du clan était un sage qu'on nommait le Cheikh et qui en était soit le doyen, soit quelqu'un de reconnu par tous les autres membres comme une référence morale et physique. Sur le plan religieux, les Bédouins étaient plutôt polythéistes. Ainsi dans le Hedjaz vénérait-on Allah, le Dieu créateur de l'Univers, et ses trois filles Allat, Ozza et Manat ; à La Mecque en revanche, le Dieu principal était Houbal.

Enfin les Arabes pratiquaient énormément la poésie. Le poète était un homme à part, le prince du verbe. Il était admiré et craint dans la mesure où il louait les exploits de sa tribu ou de son clan, et en chantait les mérites. L'amour de la femme et le désert infini alimentaient aussi, bien sûr, l'inspiration du poète.

CHAPITRE 2

La révélation islamique

اللَّطِيفُ

À quarante ans, Mahomet commence à prêcher la nouvelle religion. Celle-ci connaîtra deux périodes : celle de La Mecque et celle de Médine. La différence entre elles n'est pas seulement géographique, elle est également dogmatique.

À six ans, Mahomet se retrouve orphelin de père et de mère. Il est recueilli par son oncle paternel, Abou Talib, un caravanier qui fait le trajet jusqu'en Syrie et qui le traite comme son fils. C'est ainsi que le jeune enfant devient lui aussi caravanier et entre dans une entreprise dirigée par une femme notable au sein de la tribu, Khadija. Il l'épouse à l'âge de vingt-cinq ans, ce qui, pour l'époque, est déjà tardif pour un jeune homme ; d'autant que sa femme est de quinze ans son aînée.

Ce n'est qu'en 610, à l'âge de quarante ans, que Mahomet commence à prêcher. Il a pris l'habitude de se retirer, pour méditer, dans les grottes du mont Hira autour de La Mecque, où il a des visions et des rêves étranges ; c'est là surtout qu'il entend une voix lui intimant l'ordre : « *Ikra'* », ce qui veut dire « lis », « récite ». Il s'en ouvre à son épouse, qui l'encourage à mieux écouter. Son autre confident est son cousin Ali, bien plus jeune que lui – le fils de l'oncle qui l'a accueilli en bas âge. La voix qu'il entend est celle de l'ange Gabriel. Il lui annonce qu'il est, lui, Mahomet, l'envoyé et le messager de Dieu. Surmontant son doute, Mouhammad écoute, récite, puis lance le début de la prédication.

La première prédication, à La Mecque

« Il n'y a de Dieu que Dieu » ! C'est sans doute la base de la prédication de Mahomet. Il demande à ceux qui l'écoutent de se soumettre à Dieu. De la racine arabe *SLM*, qui veut dire « salut, paix », dérive le terme *aslama* qui signifie « se rendre, se soumettre ». Celui qui se soumet à Dieu devient un *mouslem*, c'est-à-dire un musulman.

La première partie de la prédication, les premières révélations, s'articulent essentiellement autour des relations de l'homme avec son Créateur. On est dans la droite ligne des écritures qui ont précédé, aussi bien dans le judaïsme que dans le christianisme. En effet, Mahomet, sur les routes des caravanes, a rencontré d'autres cultures, d'autres peuples et notamment des chrétiens et des juifs. Cela lui a permis d'appréhender ces deux autres religions révélées.

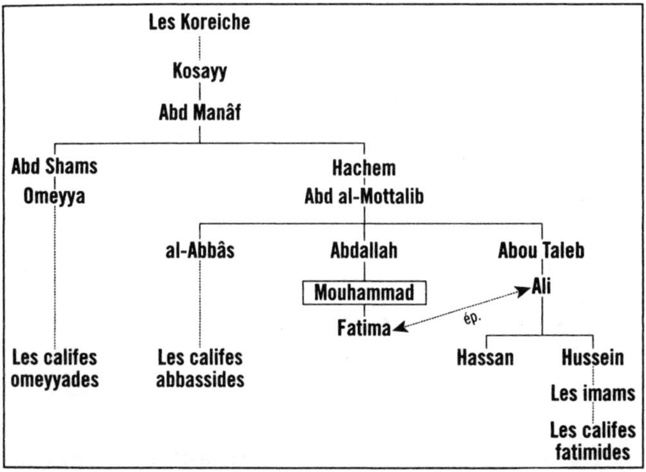

La généalogie de Mahomet (Mouhammad)

La prédication de Mahomet proclame qu'il y a un Dieu unique, mais également l'unicité de Dieu : en effet, le prophète de l'islam dénonce les associateurs (*al-mouchrikoun*) que sont les chrétiens et leur croyance dans le dogme de la Trinité. « Dieu n'a pas été engendré, dit le Coran, Il n'a pas d'associé. »

La foi musulmane partage bien des croyances avec le christianisme ou le judaïsme : l'unicité de Dieu (*al-tawhid*), qui est fondamentale ; mais aussi la croyance aux anges, aux prophètes d'Adam jusqu'à Mahomet (Mouhammad) en passant par Abraham, Moïse et Jésus… ; la croyance dans le Livre révélé, en la résurrection, en la fin des temps, en la rétribution autour du jugement, en la prédétermination des actes selon laquelle aucun acte humain ne peut échapper à la connaissance de Dieu…

Associateurs (*chirk*)

Pour le musulman, dont le dogme premier est le principe de l'unicité de Dieu (*al-tawhid*), c'est le péché le plus grave que d'associer Dieu à d'autres divinités. De même, il est inadmissible, pour un musulman, de concevoir que Dieu ait pu engendrer un fils. Le Coran ne précise-t-il pas, visant précisément les chrétiens, que « Dieu n'a pas d'associé, il n'a pas engendré et n'a pas été engendré » ? Pour les musulmans, comme pour les juifs, le dogme de la Trinité dans le christianisme est incompréhensible.

De 610 à 622, la prédication est portée par un texte très poétique, traversé par un véritable souffle. La prédication s'articule autour de la relation de l'homme à Dieu.

La classe dirigeante de La Mecque manifeste très tôt son hostilité. La prédication s'articulant autour d'un Dieu unique, de l'unicité de Dieu, ne peut que déplaire à ceux qui ont basé la prospérité de la ville sur le polythéisme. Tout d'abord, ce prédicateur se présentant comme le messager de Dieu ne peut que prendre de plus en plus d'importance, sinon tout le pouvoir à La Mecque. Sur le plan économique, la prospérité de la ville pourrait en pâtir ; et sur le plan religieux, cela voudrait dire que depuis deux siècles les Mecquois se sont trompés, qu'ils sont dans l'erreur, et que le nouvel envoyé de Dieu, qui serait lui dans la vérité, est apte à corriger le parcours des autorités de la ville. La réaction de ces derniers ne va pas tarder ;

vexations vis-à-vis de Mahomet et de ses premiers partisans et compagnons ; boycottage et mise à l'écart du clan dirigé par l'oncle de Mahomet, Abou Talib… À tel point que plusieurs de ses compagnons doivent partir en exil en Abyssinie (ancien nom de l'Éthiopie) auprès du roi très chrétien, le Négus, pour échapper à la vindicte du clan dirigeant la ville. Mais tant que Mahomet est protégé à la fois par son oncle Abou Talib et surtout par son épouse, chef d'entreprise et notable de la ville, il ne risque rien personnellement.

Néanmoins, en 619, l'année du chagrin pour les musulmans, se produit une rupture dans la vie de Mahomet : coup sur coup décèdent son oncle et son épouse Khadija. Ses deux protecteurs disparaissant quasiment en même temps, Mahomet est rejeté de La Mecque. Durant trois ans, il erre de ville en ville pour trouver un refuge pour lui-même et ses compagnons. Il enverra une partie d'entre eux auprès du roi très chrétien d'Éthiopie. Ce n'est qu'en 622 que les habitants d'une ville située à cinq cents kilomètres au nord de La Mecque, Yathrib, viennent le trouver pour l'inviter à régler les conflits qui opposent les différents clans de cette ville, dont l'activité est en partie consacrée à l'agriculture. Ils n'arrivent pas à s'entendre et ont besoin d'une sorte d'arbitre, de juge de paix. En contrepartie, Mahomet pourra continuer à prêcher sa nouvelle religion. Cette proposition, fort opportune, va permettre au messager de Dieu de mettre à l'abri la jeune communauté à peine née. La communauté, en arabe *oumma*, englobera désormais de plus en plus la vie de chaque membre.

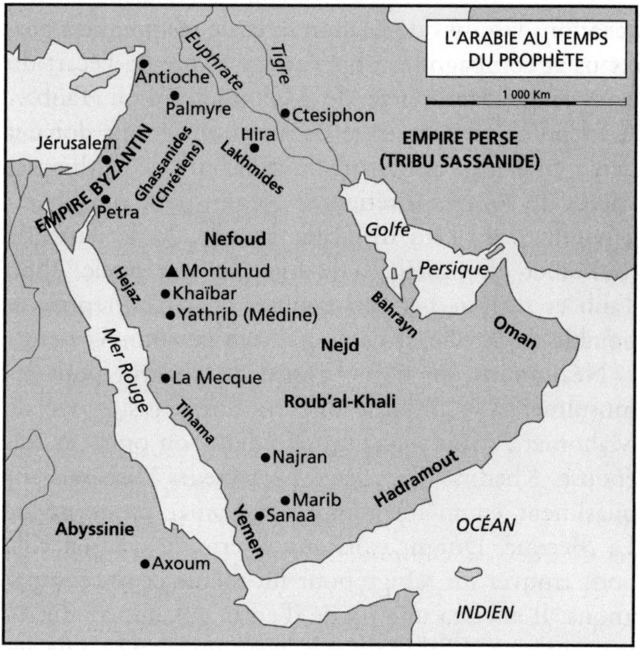

La deuxième prédication, à Médine

L'an 622 sera la date fondatrice du calendrier musulman. Désormais, les musulmans ne prient plus en direction de Jérusalem, mais plutôt vers celle de La Mecque. L'exil loin de La Mecque, appelé l'hégire, fonde la deuxième partie de la prédication. À Yathrib, devenue la ville du Prophète – en arabe *medinet el nabi*, contracté désormais en Médine –, la deuxième ville sainte de l'islam, Mahomet consacre son temps à ériger la première cité islamique ; cependant, il cherche toujours à reconquérir La Mecque d'où il a été chassé.

De 622 à 632, la prédication ne porte plus seulement sur la relation entre l'homme et Dieu, mais surtout sur les relations entre l'homme et ses semblables : relations sociales, administratives, économiques et également politiques. Dans son érection de la nouvelle cité islamique, Mahomet et le Coran (en arabe *al-Cor'ane*) édictent des règles englobantes, c'est-à-dire touchant tous les éléments de la vie de l'individu. La récitation aborde le domaine du dogme, celui du culte, de l'éthique, du comportement, mais également celui des règles juridiques et sociales qui vont régir désormais la vie du *mouslem*, le musulman. C'est à partir de cette date que, dans la prédication du messager de Dieu, se confondent le sacré et le temporel.

Certaines règles sont révolutionnaires pour l'époque : le statut de la femme par exemple. Dans la péninsule Arabique, on n'épousait pas : on prenait femme. Il en était quasiment de même en Occident. La femme n'avait pas le droit d'hériter ; si elle devait hériter, elle extrayait une richesse du clan ou de la tribu qui partait à l'extérieur. Désormais, la femme hérite de la moitié de la part qui revient à l'homme. De plus, ce dernier a droit à quatre épouses légitimes à condition de les traiter et de les honorer équitablement.

« Allah – nulle Divinité excepté Lui – est le Vivant, le Subsistant. Ni somnolence, ni sommeil Le prennent. À Lui ce qui est dans les cieux et ce qui

est sur la terre. Quel est celui qui intercédera auprès de Lui, sinon avec Sa permission ? Il sait ce qui est entre les mains des Hommes et derrière eux, alors qu'ils n'embrassent de Sa science que ce qu'Il veut. Son Trône s'étend sur les cieux et la terre. Le conserver ne Le fait point ployer. Il est l'Auguste, l'Immense. » (II-256)

Le Prophète décède en 632, dix ans après s'être établi à Médine. Auparavant, il a conquis La Mecque sans coup férir, sans combattre : le dernier clan des dirigeants mecquois s'est rendu à l'islam quelque temps avant que le Prophète entreprenne de prendre la ville. Il avait achevé la construction du dogme.

Dès les prédications de La Mecque, Mahomet avait placé l'islam comme le prolongement des écritures précédentes, celles du judaïsme et du christianisme ; bien plus, il les avait présentées comme étant la restauration du pur message monothéiste d'Abraham, le père de tous les croyants. Ainsi s'était-il dressé, comme nous l'avons vu, contre le dogme chrétien de la Trinité, qui allait à l'encontre de l'unicité de Dieu (*al-tawhid*). Il n'y a pas de grande différence sur ce plan entre l'islam et les religions qui l'ont précédé : Allah est entouré de ses anges dont l'un, Satan (*al-Chaytan*) a été chassé du paradis ; il est à la tête des anges qui l'ont suivi, devenus des djinns. Les prophètes, d'Adam à Mahomet, en passant par Noé, Abraham, Moïse et Jésus, sont reconnus dans le Coran. Le prophète de l'islam représente le sceau des prophètes, le dernier. Après lui il n'y en aura plus. Il est venu « parfaire la religion ».

Être musulman

Être musulman, c'est avant toute chose se soumettre à Dieu. Le *mouslem* (au pluriel *mouslimoun*) est le musulman qui a choisi de témoigner, de professer et d'attester qu'« il n'y a de Dieu que Dieu » et que « Mahomet est son messager ». C'est également celui qui pratique les cinq piliers de l'islam ou les prescriptions communautaires.

On ne devient pas musulman par le biais d'un rituel comme le baptême, ou la conversion au judaïsme qui est l'aboutissement d'une longue initiation. Il suffit qu'on le soit par naissance ou que l'on proclame la *shahâda* (littéralement témoignage, et par extension, profession de foi) devant une assemblée de musulmans (au moins deux témoins) pour être reconnu comme tel par l'ensemble de la *oumma* (communauté des croyants).

L'islam se présente comme étant à la fois universel et un aboutissement. Universel parce que désormais toute l'humanité a vocation à se soumettre à Dieu, ce qui est le sens du mot « islam » ; aboutissement parce que étant le sceau des prophètes, c'est le message tel que délivré par Mahomet qui est le plus fidèle à l'enseignement de Dieu. D'ailleurs, à la différence de la Bible et des Évangiles, le Coran est la parole divine directement transmise par l'ange Gabriel à Mahomet.

CHAPITRE 3

Les pratiques de l'islam

الخبيرُ

À la mort du Prophète, l'islam est déjà une religion organisée. Les dogmes et les pratiques sont fixés. Pour être un bon musulman, il faut et il suffit de respecter les prescriptions individuelles et communautaires, qui sont appelées – et pour cause – les cinq « piliers de l'islam ».

Ce qui compte le plus chez le musulman, c'est la foi, *al-imân* ; et bien entendu *al-ihsan*, c'est-à-dire le perfectionnement. Pour bien respecter cette foi et ce perfectionnement, sont données aux musulmans des prescriptions communautaires pratiques, ce qu'on appelle *arkan al-islam* ou les « piliers de l'islam ».

En premier lieu, le témoignage, la profession de foi, *al-shahâda* : « Il n'y a de Dieu que Dieu et Mahomet est son messager. » Par cette formule, l'homme devient musulman et marque son adhésion à la *oumma*, la communauté, qui transcende l'appartenance clanique, tribale ou familiale.

En deuxième lieu, la prière, *al-salât*. Par cet acte qui est accompagné d'un rituel, le musulman, le *mouslem*, ponctue sa journée. Cinq fois par jour, à l'aube, à midi, au milieu de l'après-midi, au crépuscule et au début de la nuit, il se tourne vers La Mecque pour accomplir la prière – jusqu'en 622, il se tournait vers Jérusalem. Le vendredi se déroule à la mosquée la prière communautaire, qui selon un hadith, c'est-à-dire une parole du Prophète, « vaut vingt-sept fois une prière individuelle ». Celle-ci est conduite par l'imam. En arabe, *imam* veut dire « devant ». Le rôle de l'imam se limite à conduire la prière : il n'est investi d'aucune autre fonction. Cependant, il dispose d'une autorité morale car il est censé être l'un des meilleurs musulmans de la communauté.

Le troisième pilier de l'islam, le jeûne, ou *sawm*, se déroule durant le mois lunaire du calendrier musulman, le mois de Ramadan.

Le calendrier musulman et les fêtes

Outre notre calendrier civil (dit grégorien, du nom du pape Grégoire XIII), la plupart des religions possèdent leur propre calendrier comme c'est le cas chez les chrétiens orthodoxes (qui utilisent le calendrier julien, décalé de treize jours), les juifs (qui utilisent un calendrier luni-solaire dans lequel 2015 correspond à l'an 5775), les musulmans, etc.

Le passage de l'année hégirienne à l'année grégorienne se calcule facilement : il suffit de multiplier l'année hégirienne par 0,97 et d'ajouter 622. Le passage de l'année grégorienne à l'année hégirienne n'est guère plus compliqué : il suffit de retrancher 622 de l'année civile grégorienne et de diviser par 0,97. Ainsi, l'année 2015 est l'année hégirienne 1436.

On arrondit à l'unité supérieure ou inférieure selon les règles habituelles.

Les douze mois de l'année dans le calendrier musulman

1. Mouharram
2. Safar
3. Rabih al-Awal
4. Rabih al-Thani
5. Joumad al-Awal
6. Joumad al-Thani
7. Rajab
8. Chaaban
9. Ramadan
10. Chawwal
11. Dhou al-Qaa'da
12. Dhou al-Hijjah

Les cinq fêtes musulmanes

– 1er Mouharram : jour de l'an

– Al-Maouled (12 Rabih al-Awal) : naissance du Prophète

– Ramadan : mois de jeûne

– Aïd al-Saghîr (petite fête) ou Aïd el-Fitr (1er Chawwal) : fin du jeûne de Ramadan

– Aïd al-Kabir (grande fête) ou Aïd al-Adha (10 Dhou al-Hijjah) : sacrifice du mouton en commémoration du sacrifice d'Abraham

Le jeûne est, avant tout et au-delà des interdits, un exercice de recueillement et de piété. Certes, le croyant est privé de nourriture et de boisson dès l'aube et jusqu'au coucher du soleil ; il lui est également interdit d'avoir des rapports sexuels ou de fumer. Mais c'est au cours de ce mois qu'il exerce une méditation et retrouve le chemin de la pratique de la foi.

Classification des aliments

« Allah a déclaré illicite pour vous la chair d'une bête morte, le sang, la chair du porc et ce qui a été consacré à un autre qu'Allah. » (II, 168)

« Mangez ce que Allah vous a attribué comme licite et excellent ! » (V, 90)

Pour les auteurs musulmans, les aliments sont classés en quatre catégories :

1. *Halâl* (licite) : ce sont les aliments que l'on peut consommer sans crainte ;
2. *Mubah* (permis) : la consommation est laissée au choix de la personne ;
3. *Makruh* (réprouvé) : la consommation est déconseillée mais elle n'est pas interdite ;
4. *Haram* (illicite) : la consommation est interdite.

La loi musulmane interdit de tuer certains animaux : grenouilles, fourmis, abeilles, huppes, pies, perdrix, chauves-souris.

Elle interdit également la chasse pour le plaisir (c'est-à-dire sans nécessité) et pendant la période du pèlerinage à La Mecque.

Le quatrième pilier de l'islam est l'aumône obligatoire ou le *zakat*. Il ne faut pas confondre le *zakat* avec la charité au sens chrétien du terme, appelée la *sadaqa*. Le *zakat*, l'obligation pour tout musulman de consacrer, selon l'école à laquelle on appartient, 1/10e ou parfois même 1/5e de ses bénéfices à la communauté, est un devoir de solidarité intracommunautaire. Cet « impôt » religieux assure précisément aux pauvres de la communauté le moyen de survivre.

Enfin, le pèlerinage (*hajj*) est recommandé à tous les musulmans, au moins une fois dans leur vie, à condition qu'ils aient les moyens économiques et la santé pour l'effectuer. Le pèlerinage à La Mecque et à Médine rassemble la communauté musulmane au-delà des appartenances ethniques, raciales ou nationales des individus. Là, comme le disait le Prophète, « vous êtes tous égaux comme les dents d'un même peigne ». Nus sous deux draps blancs, les pèlerins effectuent le rituel avec les musulmans venus du monde entier. Ensemble, ils lapident à coups de pierres Satan, ou la pierre qui le représente : c'est ce qu'on appelle la halte de Zamzam, la source d'eau située à côté de la Kaaba ; c'est là également que s'effectue, à sept reprises, le tour de la Kaaba, cette pierre cubique sur laquelle Abraham aurait, selon la légende, sacrifié son fils Ismaël (pour les musulmans, c'est Ismaël qui aurait été sacrifié et non Isaac) ; c'est enfin là que l'on peut – si on parvient à s'en approcher – baiser la pierre noire.

Le puits de Zamzam : Ismaël est sauvé de la mort

Pour les nomades, les points d'eau sont des lieux extrêmement importants, pour la survie de leurs bêtes et la leur ; ce sont également des points de rencontre. L'Arabie préislamique n'échappe pas à la règle : ainsi, certains points d'eau ont acquis un statut particulier et font l'objet de pèlerinages.

La source de Zamzam est particulièrement sacrée, parce que la tradition populaire véhicule la légende selon laquelle son eau a sauvé Ismaël, fils d'Abraham et de sa concubine Agar dont sont issus les Arabes. Aujourd'hui encore, le puits de Zamzam est intégré au pèlerinage de La Mecque. Le passage au pas de course entre les deux collines sacrées de Safâ et de Marwa (non loin de La Mecque), effectué par tout pèlerin lors du *hajj*, rappelle la course d'Agar qui cherchait de l'eau pour sauver son fils Ismaël. Pour secourir l'enfant, l'ange Gabriel creusa la terre d'où jaillit la source. La légende dit aussi que c'est le grand-père de Mouhammad qui était chargé de donner à boire l'eau de ce puits aux pèlerins qui venaient à la Kaaba. On comprend que ce puits soit sacré pour les musulmans : y sont rattachés les souvenirs d'Adam, d'Abraham et d'Ismaël.

Droit d'Allah et droit des hommes

Il existe assez peu d'actions qui sont interdites par la loi divine et pour lesquelles il existe – dans l'application de la *charia* ou loi religieuse – une peine légale (coups de fouet, section d'un membre, mort). La plupart du temps, l'homme est libre de ses actes et c'est Dieu qui le punira ou le récompensera à sa mort. Le droit islamique établit une distinction entre les droits d'Allah (susceptibles d'une sanction pénale) et les droits des hommes.

Les actes interdits sont au nombre de cinq : apostasie (*ridda*), brigandage, fornication (*zinâ*), vol (*sâriqa*) et consommation du vin (*khamr*).

On notera que la loi (*charia*) est très stricte sur les preuves à fournir, rendant ainsi l'application de ces peines quasi impossible. En outre, les faux témoignages et les peines excessives (quelques coups de fouet de trop) sont sévèrement punis.

Rites et rituels

Le culte musulman est ponctué de rites et de rituels. Dans tous les pays d'islam, il existe un moyen d'avertir publiquement de l'heure de la prière. Le Prophète a préféré la voix humaine aux cloches ou divers moyens utilisés dans d'autres religions. L'appel à la prière (*adhân*) est fait par un *mouaddhin*, qui a donné le mot *muezzin*. Le premier fut l'Africain Billal, compagnon du Prophète. Et si la voix humaine a depuis été amplifiée grâce au micro et au haut-parleur, les paroles rituelles de l'*adhân* n'ont pas changé :

Allahou akbar [deux ou quatre fois selon les écoles juridiques]
J'atteste qu'il n'y a de Dieu que Dieu [deux fois]
J'atteste que Mahomet est le messager de Dieu [deux fois]
Venez à la prière [deux fois]

Venez au salut [deux fois]
Allahou akbar [deux fois]
Il n'y a de Dieu que Dieu [une fois].

Les chiites ajoutent après cela :

J'atteste que Mahomet est le messager de Dieu,
J'atteste qu'Ali est l'ami de Dieu [deux fois].

Le croyant ne peut aller à la prière sans se purifier. Pour les musulmans, l'état de pureté est souillé par les vomissements ou tout autre contact avec des objets ou des matières salissantes, tout ce qui franchit les sphincters, bref par tout ce qu'on appelle les souillures mineures. En revanche, les rêves érotiques, les règles chez les femmes, l'émission de sperme chez les hommes sont dites souillures majeures.

L'ablution commence par la *niyya*, c'est-à-dire l'expression sincère d'une intention de procéder au rite.

Après avoir formulé le *bismilah* : « Au nom de Dieu le clément, le miséricordieux », le croyant se livre aux petites ablutions (*woudou*). Il accomplit les opérations suivantes, en respectant l'ordre : il passe ses mains et ses poignets sous l'eau, se lave trois fois la bouche, le nez, le visage, puis de nouveau les mains jusqu'aux coudes. Il fait couler de l'eau sur sa tête, lave ses oreilles et enfin achève ses petites ablutions en se lavant les pieds jusqu'aux chevilles.

Les souillures majeures exigent la grande ablution (*toujour* ou *ghosl*) qui nécessite de se laver tout le corps. Après avoir commencé par les organes sexuels, l'anus et le bassin, on procède comme pour la petite ablution et on complète, avant le lavage des pieds, par celui du corps tout entier en commençant toujours par la partie droite.

Certes, le Coran précise : « Nous avons créé à partir de l'eau toute chose vivante. » Mais il arrive que l'eau, symbole de création, manque. Dans ce cas, on procède à l'ablution sèche qui peut être faite avec de la neige, du sable (*tayamoum*) ou le contact d'un rocher qui n'a jamais été touché par un outil.

Les rituels sacrificiels

Les musulmans commémorent volontiers le sacrifice d'Abraham qui selon eux devait immoler son fils Ismaël pour obéir à Allah. Cette commémoration constitue sans doute le plus important des sacrifices rituels : elle consiste, au moment de la grande fête (Aïd al-Kabir) le 10 du mois du pèlerinage (Dhou al-Hijjah), à immoler un mouton, une chèvre, un chameau ou même un taureau.

> « *Nous avons placé les animaux sacrifiés au nombre des choses sacrées de Dieu. Il y a là un bien pour vous.*
> *Invoquez le nom de Dieu sur ces animaux prêts à être égorgés puis, quand ils gisent sur le flan,*
> *Mangez-en et nourrissez celui qui s'en contente et celui qui mendie.* »
>
> (*Le Pèlerinage*, XXII, 36)

Pour rendre cette viande licite, il faut respecter les prescriptions rituelles : se tenir en direction de

La Mecque, être en état de pureté, invoquer le nom d'Allah et trancher la gorge de l'animal avec dextérité sans pour autant séparer la tête du cou.

Le rite de la circoncision, enfin, n'est pas à proprement parler un rite musulman, puisque le Coran ne le mentionne pas. De même que l'infibulation ou l'excision, coutume africaine antéislamique, la circoncision est une coutume qui date d'avant l'islam.

Toutefois, elle est plus ou moins vivement recommandée par les quatre écoles juridiques orthodoxes de l'islam sunnite. À l'inverse, un hadith défend l'ablation du clitoris chez la femme.

La circoncision, qui est le signe de l'entrée du jeune garçon dans le monde des adultes et des hommes, est toujours l'occasion de grandes fêtes familiales.

Tout en renforçant l'adhésion du fidèle à l'islam, les rituels soulignent la spécificité des musulmans par rapport aux autres croyants, ce sont des vecteurs d'identification :

> *« Nous avons établi des rites pour chaque communauté*
> *Afin que les hommes invoquent le nom de Dieu. »*
>
> (*Le Pèlerinage,* XXII, 34)

CHAPITRE 4

Le Coran

العظيمُ

Le Coran, en arabe, désigne la récitation, la dictée, la lecture et la parole même de Dieu, telle que transmise par Allah à Mahomet par l'intermédiaire de l'ange Gabriel. Le Coran est considéré par les musulmans comme le livre saint par excellence.

Initialement, la transmission de la parole divine est en fait une récitation orale, dans une culture où le livre n'existe pas encore vraiment. Récité par le Prophète de son vivant, le message a été reçu par les compagnons fidèles et noté par ceux d'entre eux qui avaient plus ou moins l'usage de l'écriture. Plusieurs aide-mémoire sont ainsi constitués, et l'idée de consigner dans un livre cette « dictée surnaturelle enregistrée par le Prophète inspiré » a fait son chemin. Mais ce n'est qu'avec le troisième successeur de Mahomet, le calife Othman, que le projet va aboutir, en 652, vingt ans après la mort du Prophète. Ce sera la version définitive du Coran, la « vulgate othmanienne ». En effet, le calife Othman prendra soin de faire détruire toutes les autres versions qui circulaient alors au sein de l'Empire naissant. De ce fait, le texte du Coran est à la fois sacré et invariable.

Le Coran se présente en 114 chapitres ou sourates, regroupant au total 6 226 versets qui sont chacun des « signes » de Dieu (*âyât*) allant dans un ordre décroissant, de la plus longue à la plus courte sourate, bousculant de ce fait la chronologie de la réception de la parole divine par Mahomet. Une seule exception cependant, la première sourate, la Fatiha, « l'Ouvrante », qui ne compte que sept versets, devenue la prière type de l'islam.

Fatiha : l'Ouvrante

Au nom de Dieu, le Clément, le Miséricordieux.
Louange à Dieu, le Seigneur des mondes.
Le Miséricordieux, plein de clémence.
L'arbitre du jour du Jugement.
Toi seul nous adorons, et de Toi seul nous implorons l'aide.
Dirige-nous dans le sentier du Salut.
Dans le sentier de ceux que tu comblas de tes faveurs.
De ceux qui n'encourent jamais ta disgrâce et ne furent point des égarés.

(Traduction de Mahmoud Moukhtar,
citée par Louis Massignon.)

« Je ne suis qu'un mortel, comme vous. Il m'est seulement révélé que votre divinité est une divinité unique. Allez droit à elle et demandez-Lui pardon ! Malheur aux Associateurs qui ne font point l'Aumône et qui, de la Vie Dernière, sont les négateurs ! » (XLI-5)

Le Coran est le premier livre de la langue arabe classique, ce qui donne à cette langue un caractère sacré pour tous les musulmans. Aux yeux des croyants, le Coran revêt en ce sens un caractère d'« inimitabilité » et de perfection puisqu'il est directement « descendu » sur le Prophète. Il est parole divine et, de ce fait, incréé.

Le Coran s'articule autour des deux grandes périodes de la prédication : celle de La Mecque (610 à 622) et celle de Médine (622 à 632). À La Mecque, la prédication traite des relations de l'homme avec le Créateur ; la teneur en est spirituelle et intemporelle et aborde la question essentielle de l'unicité de Dieu et du jugement dernier. La deuxième période de la prédication est celle où, à Médine, la récitation divine aborde les relations de l'homme avec ses semblables. Les missions successives du Prophète apparaissent clairement : messager, dépositaire de la parole divine et chargé de la transmettre, arbitre, législateur, administrateur, guerrier… Dans cet ordre d'idées, l'enseignement du Coran finit par organiser toute la vie du musulman. L'islam devient englobant.

Les 99 noms de Dieu en arabe et leur transcription française

« Allah ne pardonne pas qu'Il lui soit donné des Associés, alors qu'Il pardonne, à qui Il veut, les péchés autres que celui-là. Quiconque associe à Allah des parèdres est dans un égarement infini. » (IV-116)

L'unicité divine (*al-tawhid*) est le dogme fondamental de l'islam. Comment, dès lors, interpréter toutes les qualités de Dieu (sa « Toute-puissance », sa « Science », sa « Miséricorde », sa « Lumière »...) sans porter atteinte au strict monothéisme ? Terrible question, qui a donné lieu à d'innombrables débats théologiques dont on ne mesure plus aujourd'hui la véhémence.

Les attributs divins forment les « 99 Beaux Noms de Dieu », dont le croyant récite la litanie en égrenant son chapelet ou *soubha* :

1.	*Allah*	Dieu
2.	*Al-Rahman*	Le Très Miséricordieux, le Miséricordieux
3.	*Al-Rahim*	Le Tout Miséricordieux, le Clément
4.	*Al-Malik*	Le Souverain, le Roi
5.	*Al-Quddus*	L'Infiniment Saint
6.	*As-Salam*	La Paix, le Salut, Celui qui n'a pas de défauts
7.	*Al-Mu'min*	Le Confiant, le Sécurisant, le Témoin intègre, Celui qui témoigne de sa véridicité
8.	*Al-Muhaymin*	Le Dominateur, le Témoin, le Surveillant, l'Arbitre suprême

9.	*Al-'Aziz*	Le Tout-Puissant, l'Irrésistible, Celui qui l'emporte
10.	*Al-Jabbar*	Celui qui domine et contraint, le Contraignant
11.	*Al-Mutakabbir*	Le Superbe, Celui qui se magnifie
12.	*Al-Khaliq*	Le Créateur, le Déterminant
13.	*Al-Bari'*	Le Créateur, le Producteur, le Novateur
14.	*Al-Musawwir*	Le Formateur
15.	*Al-Ghaffar*	Le Tout-Pardonnant
16.	*Al-Qahhar*	Le Tout et Très-Contraignant
17.	*Al-Wahhab*	Le Donateur gracieux
18.	*Al-Razzaq*	Celui qui pourvoit, Celui qui sustente
19.	*Al-Fattah*	Celui qui ouvre, Celui qui accorde la victoire
20.	*Al-'Alim*	Le Très-Savant, l'Omniscient
21.	*Al-Qabid*	Celui qui retient, Celui qui rétracte
22.	*Al-Basit*	Celui qui donne largement, Celui qui dilate
23.	*Al-Khafid*	Celui qui abaisse
24.	*Al-Rafi'*	Celui qui élève
25.	*Al-Mu'izz*	Celui qui donne puissance et considération
26.	*Al-Moudhill*	Celui qui avilit
27.	*As-Sami'*	L'Oyant, Celui qui entend absolument toute chose
28.	*Al-Basir*	Le Voyant, Celui qui voit absolument toute chose
29.	*Al-Hakam*	Le Juge, l'Arbitre
30.	*Al-'Adl*	Le Juste, l'Équitable
31.	*Al-Latif*	Le Subtil-Bienveillant, le Bon
32.	*Al-Khabir*	Le Très-Instruit, le Bien-Informé
33.	*Al-Halim*	Le Longanime, le Très Clément

34.	*Al-Adhim*	L'Immense, le Magnifique
35.	*Al-Ghafour*	Le Tout-Pardonnant
36.	*Ash-Shakur*	Le Très-Reconnaissant, le Très-Remerciant. Celui qu'on remercie
37.	*Al-Aliyy*	Le Sublime, l'Élevé
38.	*Al-Kabir*	L'Infiniment Grand
39.	*Al-Hafidh*	Le Préservateur, le Conservateur, Celui qui garde
40.	*Al-Muqit*	Le Gardien, le Puissant, le Témoin, le Nourricier
41.	*Al-Hasib*	Celui qui tient compte de tout, Celui qui suffit à ses créatures
42.	*Al-Jalil*	Le Majestueux
43.	*Al-Karim*	Le Tout-Généreux, le Noble-Généreux
44.	*Al-Raqib*	Le Vigilant, Celui qui observe
45.	*Al-Mujib*	Celui qui exauce, Celui qui répond
46.	*Al-Wasi'*	L'Ample, le Vaste, l'Immense
47.	*Al-Hakim*	L'Infiniment Sage
48.	*Al-Wadud*	Le Bien-Aimant, le Bien-Aimé
49.	*Al-Majid*	Le Très Glorieux
50.	*Al-Ba'ith*	Celui qui ressuscite, Celui qui incite
51.	*Ash-Shahid*	Le Témoin
52.	*Al-Haqq*	Le Vrai, la Vérité
53.	*Al-Wakil*	Le Gérant, l'Intendant, Celui à qui on se confie
54.	*Al-Qawiyy*	Le Très-Fort
55.	*Al-Matin*	Le Très-Ferme
56.	*Al-Waliyy*	Le Très-Proche, le Maître, le Tuteur
57.	*Al-Hamid*	Le Très-Louangé, Celui qui est digne de louange
58.	*Al-Mohsy*	Celui dont le savoir cerne toute chose, Celui qui garde en compte

59.	*Al-Moubdi'*	Celui qui produit sans modèle
60.	*Al-Mu'id*	Celui qui redonne existence
61.	*Al-Mohyi*	Celui qui fait vivre
62.	*Al-Momit*	Celui qui fait mourir
63.	*Al-Hayy*	Le Vivant
64.	*Al-Qayyum*	L'immuable, Celui qui maintient l'ordre de la Création
65.	*Al-Wajid*	L'Opulent
66.	*Al-Majid*	Le Noble, le Majestueux
67.	*Al-Wahid*	L'Unique
68.	*As-Samad*	Le Maître absolu, le Soutien universel
69.	*Al-Qadir*	Le Puissant, le Déterminant
70.	*Al-Muqtadir*	Celui qui a pouvoir sur tout
71.	*Al-Moqaddim*	Celui qui met en avant
72.	*Al-Mu'akhir*	Celui qui met en arrière
73.	*Al-Awwal*	Le Premier
74.	*Al-Akhir*	Le Dernier
75.	*Az-Dhahir*	L'Apparent
76.	*Al-Batin*	Le Caché
77.	*Al-Wali*	Le Maître, Celui qui dirige
78.	*Al-Muta'ali*	Le Sublime, l'Exalté, l'Élevé
79.	*Al-Barr*	Le Bon, le Bienfaisant, le Bienveillant
80.	*At-Tawwab*	Celui qui ne cesse de revenir, d'accueillir le repentir de ses adorateurs
81.	*Al-Mountaqim*	Le Vengeur
82.	*Al-Afoww*	Celui qui efface, l'Indulgent
83.	*Al-Ra'uf*	Le Très-Bienveillant
84.	*Maliku l Mulk*	Le Possesseur du Royaume
85.	*Dhou l Jalal wa l Ikram*	Le Détenteur de la Majesté et de la Générosité

86.	*Al-Muqsit*	L'Équitable, Celui qui rend justice
87.	*Al-Jami'*	Celui qui réunit, Celui qui synthétise
88.	*Al-Ghaniyy*	Le Suffisant par soi, Celui qui n'a besoin de personne
89.	*Al-Mughni*	Celui qui confère la suffisance
90.	*Al-Mani'*	Celui qui empêche, le Défenseur, Celui qui protège
91.	*Ad-Dhar*	Celui qui contrarie, Celui qui peut nuire (à ceux qui l'offensent)
92.	*An-Nafi'*	Celui qui accorde le profit, l'Utile
93.	*An-Nur*	La Lumière
94.	*Al-Hadi*	Le Guide
95.	*Al-Badi'*	Le Novateur
96.	*Al-Baqi*	Le Permanent
97.	*Al-Warith*	L'Héritier
98.	*Al-Rashid*	Celui qui agit avec droiture, Celui qui dirige avec sagesse
99.	*As-Sabur*	Le Patient, le Très-Constant

« Il est Allah, le Créateur, le Novateur, le Formateur. À Lui les noms les plus beaux. Ce qui est dans les cieux et sur la terre Le glorifie. Il est le Puissant, le Sage. » (LIX-24)

CHAPITRE 5

Les écoles juridiques

العظيمُ

« Ceci est, pour les hommes,
un appel à la clairvoyance,
une Direction et une Miséricorde en faveur
d'un peuple qui croit fermement. »

Sourate 45, v. 20

Comment procéder pour interpréter une parole divine révélée et en déduire des principes, des lois pour l'ensemble de la communauté ?

En islam, on appelle *ijtihad* l'effort de réflexion personnelle requis pour étudier les sciences religieuses. La racine du mot en arabe est *JHD* (prononcé *jihd*) et veut dire littéralement « effort ». Celui qui se livre à l'*ijtihad* est le *moujtahed* (au pluriel : *moujtahidoun*).

L'interprétation du texte sacré s'appuie en premier lieu sur le Coran, puis sur la tradition du Prophète, la Sunna. Mais elle se fonde aussi sur le raisonnement analogique et sur le consensus.

Analogie et consensus

Le jugement par analogie (*qiyâs*, en arabe) s'applique lorsque l'on se trouve dans des circonstances que ni le Coran ni la Sunna ne mentionnent. On essaiera alors de trouver dans les textes une situation semblable ou similaire et l'on procédera par analogie. Le *qiyâs* est traditionnellement reconnu comme étant la troisième source du droit musulman, à côté du Coran et de la Sunna.

La quatrième source fondamentale est le consensus de la communauté, l'*ijmâ'*. Le Prophète lui-même n'a-t-il pas déclaré que sa « communauté ne tombera jamais d'accord sur une erreur » ? Certes, le seul *ijmâ'* incontesté est celui des compagnons du Prophète, mais le consensus des docteurs de la Loi est suffisant pour les sunnites, le courant majoritaire de l'islam.

Outre ces quatre sources, il existe des sources secondaires : l'opinion rationnelle personnelle (*ra'y*), l'estimation ou l'appréciation personnelle (*istihsan*), l'utilité ou l'intérêt public (*maslaha*) ou encore le droit coutumier, qui n'est pas nécessairement musulman (*'urf*).

Des bases juridiques intangibles

Aux premiers siècles de l'islam, la multitude des interprétations du Coran avait laissé craindre l'apparition de divergences violentes, c'est pourquoi les tendances dominantes de l'époque avaient radicalement écarté certaines écoles. Celles qui ont été retenues, au nombre de quatre, constituent aujourd'hui une orthodoxie de fait, et non de droit. Ces quatre écoles juridiques inspirent le droit musulman (le *fiqh*) qui gère la vie quotidienne des musulmans et leurs relations sociales.

QUELLE ÉVOLUTION POSSIBLE ?

Dès le XIe siècle de notre ère, la crainte de l'anarchie a « fermé la porte de l'*ijtihad* », et provoqué l'arrêt de la recherche de l'effort personnel, surtout dans le sunnisme, majoritaire. Depuis, l'effort d'interprétation s'est totalement figé, comme le droit musulman lui-même. Les réformateurs appellent de leurs vœux la « réouverture de la porte de l'*ijtihad* », condition *sine qua non* à tout renouveau et surtout à l'adaptation de l'islam à l'évolution du monde.

QUATRE ÉCOLES JURIDIQUES

Quatre écoles juridiques, nées entre 767 et 855, perdurent après la fermeture de la « porte de l'*ijtihad* ». Leurs fondateurs sont de grands jurisconsultes sunnites.

L'école hanafite ou hanafisme

Elle a été créée par Abou Hanifa, un juriste iranien de Koufa, en Irak, mort en 767 de notre ère. Il a privilégié le raisonnement par analogie (*qiyâs*) et surtout *al-ra'y*, l'opinion rationnelle personnelle, dont il est considéré comme le théoricien, ainsi que l'estimation personnelle ou la solution la meilleure (*istihsan*).

Abou Hanifa n'a pas laissé d'ouvrage mais de nombreux disciples. Son école est considérée comme la plus libérale et a la préférence des musulmans non arabes. Elle a été l'école de l'Empire ottoman et est toujours largement suivie aujourd'hui en Turquie, en Inde, en Chine, dans les pays musulmans d'Asie centrale, mais aussi en Syrie, en Jordanie et dans une partie de l'Égypte. Très critiquée par les autres courants, elle fut accusée d'être responsable de plusieurs doctrines hérétiques.

L'école malékite ou malékisme

Elle a été fondée par Malik Ibn Anas, mort en 795 à Médine, dans la ville sainte du Prophète. Il admet comme source du droit, outre le Coran et la Sunna, la coutume, le *'urf* de Médine. S'il s'appuie essentiellement sur les hadiths émanant des gens de Médine, il a aussi introduit le principe de l'utilité générale, la *maslaha*. Il a laissé un ouvrage, *Le Chemin aplani*, dans lequel il dresse un tableau du droit médinois.

Son école est surtout suivie en Afrique du Nord, dans une partie de l'Égypte, au Soudan et en Afrique noire. Les malékites sont particulièrement intransigeants à l'égard de tous les schismatiques de l'islam comme les kharejites (les « sortants ») ou les chiites.

L'école châféite ou châféisme

Son fondateur, Al-Châfé'i, est né en 767 en Palestine et mort en 820 en Égypte. Il a été l'élève de Malik Ibn Anas à Médine. Son école pose clairement les sources du droit (*ouçoul*). Il a recours au raisonnement par analogie lorsque les trois premières sources – Coran, Sunna et *ijmâ'* (consensus) – sont inopérantes. Alors peuvent également intervenir l'effort de réflexion personnelle (*ijtihad*) et l'opinion personnelle du juge (*ra'y*).

Après avoir été l'école officielle des Abbassides (750-1258), le châféisme est implanté aujourd'hui en Égypte, en Syrie, en Indonésie et en Malaisie.

L'école hanbalite ou hanbalisme

Fondée par Ibn Hanbal, un Arabe d'Irak né à Bassorah en 780 et mort à Bagdad en 855, c'est sans aucun doute l'école la plus rigoriste. Violemment opposé aux écoles dites rationalistes et à toute interprétation spéculative, Ibn Hanbal élabore sa doctrine sur le refus de toute innovation (*bid'a* en arabe). Il fait de la fidélité absolue aux textes du Coran et de la Sunna le seul critère de la loi.

Ibn Hanbal est devenu le père naturel de ceux qu'on appelle aujourd'hui les islamistes. Il a inspiré une série de théologiens traditionalistes comme Ibn Taymiyya au XIVe siècle et Mohammed Abdel Wahhab, qui institua en 1744 le wahhabisme, rite intégriste officiel de l'Arabie Séoudite. Encore plus rigoureux que le hanbalisme, le wahhabisme interdit le mysticisme dans l'islam, le chiisme schismatique, mais aussi la philosophie, la musique, le théâtre, la poésie, le culte des saints, toutes ces disciplines étant dénoncées comme des innovations inacceptables.

Ces quatre écoles se partagent les faveurs des musulmans sunnites qui représentent aujourd'hui 90 % des musulmans dans le monde.

En revanche, dans le chiisme, la porte de l'interprétation, l'*ijtihad*, n'est pas fermée : les jurisconsultes continuent à faire un effort personnel d'interprétation, dont le débat marque d'ailleurs l'évolution et parfois les mutations du chiisme, notamment en Iran.

La guerre sainte ou *jihad*, sixième pilier de l'islam ?

Le *jihad* a été souvent présenté, notamment par les intégristes et les fondamentalistes, comme étant le sixième pilier de l'islam. En fait, le mot *jihad* vient de la racine arabe *jhd* qui veut dire « effort », et qui a donné le mot *jihad*, qui signifie lui-même « effort » – effort sur soi pour donner le meilleur de soi-même afin de devenir un bon musulman, effort sur ses proches pour qu'ils soient également de bons musulmans. Ce n'est que dans la troisième acception du terme que le mot *jihad* veut dire guerre sainte. En effet, selon la parole du Prophète, « je suis venu parfaire votre religion, il me plaît que l'islam soit votre religion, l'islam a acquis son universalité et s'adresse désormais à toute l'humanité, dont la vocation est de se soumettre à Dieu ». En ce sens, mener le *jihad* vis-à-vis de ceux qui ne se sont pas encore soumis à Dieu représente en quelque sorte un service qu'on leur rend pour qu'ils se soumettent et deviennent des *mouslimoun*.

C'est uniquement dans cette acception que le port des armes est admis. En fait, le *jihad* est « l'effort sur le chemin de Dieu » pour défendre et fortifier la *oumma*, la communauté sans frontières, le monde de l'islam. Se réformer intérieurement, lutter contre ses défauts constitue « le grand *jihad* » ; la lutte armée contre les ennemis de l'islam pour défendre la communauté n'est que « le petit *jihad* ».

« En comparaison de toute réforme des mœurs, le devoir de jihad, les armes à la main, est un léger souffle de vent sur la mer agitée. »

(Citation de Ghazali rapportée par Louis Gardet dans *Les Hommes de l'Islam*, Hachette, 1977.)

Chapitre 6

Les quatre premiers califes ou la fondation de la religion

الغفور

Les quatre premiers successeurs du Prophète sont appelés les « califes éclairés », ceux qui « orientent bien » ou les « bien orientés ». Les califes (de l'arabe *khalife*, littéralement « à la place de, successeur ») sont les commandeurs des croyants sur les plans temporel et spirituel. Ils sont incontestés par les musulmans du monde entier.

À la mort du prophète Mahomet, la *oumma*, encore à taille humaine, se réunit pour choisir son successeur. Une partie de la communauté veut que ce dernier soit un membre de la famille du Prophète, qu'il fasse partie de sa maison ; l'autre partie, la majorité, veut garder les traditions tribales, c'est-à-dire la cooptation du plus digne, du plus courageux, du plus sage parmi les membres de la communauté. C'est cette dernière qui l'emporte : le premier successeur du Prophète est l'un de ses beaux-pères, Abou Bakr, un homme d'un certain âge, père de Aïcha, la dernière épouse du Prophète, la plus jeune et sans doute la préférée. Homme pieu et bon, Abou Bakr règne de 632 à 634. Sa tâche est de garder l'unité de la communauté : en effet, les tribus rassemblées par le Prophète ont voulu tout naturellement reprendre leur liberté, revenir à leurs habitudes, à leurs razzias et abandonner la nouvelle religion. Abou Bakr les remobilise en leur disant que le travail n'est pas achevé et qu'il faut encore convertir toute la péninsule. C'est ce qu'il fait, après avoir ramené l'ordre avec un mélange de force, de sagesse et de diplomatie.

Le deuxième calife fut sans aucun doute un grand capitaine. Il s'agit d'Omar Ibn al-Khattab, qui règne sur la nouvelle communauté pendant dix ans, jusqu'en 644. Omar, lui aussi d'un âge avancé, est un ancien compagnon du Prophète. Inventeur de l'art militaire musulman qui consiste en des actions rapides, en des raids implacables, il organise la conquête islamique et la conduit lui-même. Il lance ses troupes selon trois axes : tout d'abord vers le Proche-Orient, ensuite vers l'Ifriqiya, c'est-à-dire l'actuelle Afrique du Nord, puis enfin vers l'Égypte et, à l'est, vers le monde indien. Ses troupes sont essentiellement arabes. Il vaincra les Perses et les Byzantins et commencera à donner à l'Islam un embryon d'administration.

Le pacte d'Omar

Acte de soumission de Jérusalem
signé par le patriarche jacobite « Syrian »

Au nom de Dieu, le Tout Miséricordieux, le Très Miséricordieux,

Message adressé de la part des chrétiens au serviteur de Dieu, Omar Ibn al-Khattab, Commandeur des croyants.

Lorsque vous êtes venus dans ce pays, contre nous, nous avons sollicité le sauf-conduit (*amân*) pour nous-mêmes, pour nos descendants, nos biens et nos frères dans la religion – et toute notre communauté, et nous nous engageons à respecter le pacte (serment) suivant :

– Nous ne construirons pas dans nos villes ou dans les alentours de nos villes des églises, des couvents ou des refuges pour les ascètes ; et nous ne restaurerons pas, dans la nuit ou durant le jour, ces sites qui s'écrouleront et qui se situent dans les quartiers musulmans.

– Nous laisserons les portes de nos maisons ouvertes pour les passants et les voyageurs. Nous accueillerons les musulmans qui passent chez nous pendant trois jours.

– Nous n'abriterons pas dans nos églises ou dans nos habitations d'espions, ni ne le cacherons des musulmans.

– Nous n'enseignerons pas le Coran à nos enfants.

– Nous ne manifesterons pas notre religion publiquement et nous ne procéderons pas à propager notre religion (prosélytisme) et nous n'empêcherons pas quiconque des nôtres de se convertir à l'islam, si c'est leur propre volonté.

– Nous montrerons tout le respect envers les musulmans, et nous leur offririons notre siège s'ils désirent s'asseoir.

– Nous ne tenterons pas d'imiter les musulmans : habits, toques, turbans ou arrangement des cheveux.

– Nous n'adopterons pas leur style dans l'écriture, et nous ne prêterons pas leurs appellations.

– Nous ne chevaucherons pas de juments ni de chevaux.

– Nous ne porterons pas d'épées ni ne posséderons ni ne porterons des armes.

– Nous n'emploierons pas de lettres arabes pour nos sceaux.

– Nous ne vendrons pas de boissons alcoolisées.

– Nous inclinerons nos têtes devant les musulmans.

– Nous porterons toujours le même habit et de la même façon dans tous les endroits, et notre ceinture sera tenue par une cordelière.

– Nous n'élèverons pas nos voix lorsque nous accompagnerons nos morts, et nous ne prierons pas à haute voix dans les lieux visités par les musulmans ou dans les lieux publics, et nous n'inhumerons pas nos morts près des cimetières musulmans.

– Nous ne prendrons pas d'esclaves qui étaient avec des musulmans.

– Nous ne montrerons pas la croix et nos livres sur les chemins empruntés par les musulmans.

– Nos demeures ne devront pas surplomber des demeures musulmanes.

Ces conditions ont été signées par nous et nos frères dans la religion pour obtenir la paix.

> Dans le cas de non-observation de l'une de ces clauses, nous ne serons pas traités comme les gens du Livre (dhimmites) et nous mériterons la punition infligée à l'ensemble de la population.
>
> Le Patriarche de Jérusalem Sophronius, l'an 638.

ET LA PAROLE DEVIENT LIVRE

Le troisième successeur du Prophète, Othman, est sans aucun doute le plus important : il fut aussi le compagnon de Mahomet. Il appartient à la classe dirigeante de La Mecque. Dès sa cooptation, à l'inverse de son prédécesseur, il favorise ses proches parents, ses amis… Avec lui, les dirigeants de La Mecque, les Qoreichites, semblent prendre leur revanche. Les principaux postes dirigeants leur reviennent. De plus, les protégés de Othman se livrent à la corruption et courent après la richesse ; eux, les anciens nomades, deviennent propriétaires de terres… Le calife, qui dispose à sa guise des richesses de cet empire en gestation, suscite le mécontentement au sein de la population.

L'importance du califat de Othman tient surtout au fait que le Coran, jusque-là tradition orale, devient désormais un livre. En effet, Othman réunit en 652 les derniers compagnons du Prophète, sous la direction de Zayd Ben Thabet, et leur demande de rapporter tout ce qu'ils ont noté de la prédication. Il existait déjà plusieurs Corans mis par écrit de façon éparse, notamment celui connu sous le nom de « Coran de Hafsa », une des épouses du Prophète. La commission réunie par Othman écrit le Coran en confondant les deux périodes de la prédication : la première, celle de La Mecque, et la seconde, celle de Médine ; ils l'écrivent selon une méthode qui facilite la mémorisation, autrement dit de la plus grande sourate (ou chapitre) à la plus petite, en regroupant les versets par thèmes. Cette confusion entre le sacré et le temporel va en quelque sorte hypothéquer l'avenir : le Coran, déjà immuable parce que parole divine dictée par l'ange Gabriel, gagne désormais en immuabilité en devenant un texte écrit.

Othman est assassiné en 656. Sa mort constitue sans aucun doute la première rupture au sein de la communauté. À partir de là, l'avenir devient incertain. Néanmoins, la communauté tente de surmonter ses divisions et tiraillements.

LA *FITNA* OU LES PREMIÈRES DISSIDENCES

Le successeur de Othman est Ali, l'époux de Fatima, la fille chérie du Prophète, fille de sa première épouse Khadija ; Ali est le père des seuls descendants mâles de Mahomet, Hassan et Hussein. Dès la mort du Prophète, Ali a été le candidat de ceux qui prônent l'appartenance du califat à la maison de Mouhammad. Mais, en 656, il est suspecté d'avoir eu des liens avec les assassins de son prédécesseur. La mort de ce dernier, qui appartenait au clan des Omayya, ne sera pas impunie ; Mo'awiya, le gouverneur de Damas, l'un de ses cousins, réclame vengeance. La communauté connaît la *fitna*, ce qui veut dire à la fois « rupture » et « division ».

L'épouse préférée de Mahomet, Aïcha, joue un rôle dans la succession : elle n'aime pas Othman qui favorise trop manifestement ses proches ; elle n'aime pas non plus Ali depuis le vivant du Prophète, car il l'a accusée d'avoir commis l'adultère. Elle conteste donc la cooptation d'Ali, ce qui oblige ce dernier à se battre contre elle et contre ses troupes. Après l'avoir défaite, il se retourne contre les troupes de Mo'awiya au cours de la bataille de Siffin sur l'Euphrate. Cette bataille tourne à l'avantage d'Ali quand, par un stratagème que les militaires apprécieront, les troupes de Mo'awiya accrochent à leurs lances les pages nouvellement écrites du Coran, en demandant l'arrêt des combats fratricides. La trêve est accordée et Ali accepte un arbitrage temporel.

Cela déclenche une première scission au sein de la communauté. En effet, certains supplient Ali de ne pas accepter cet arbitrage temporel en lui rappelant qu'il est non seulement le successeur du Prophète, mais également le premier à appartenir à sa maison : il a un lien organique avec Mahomet. Lorsque Ali donne son accord pour l'arbitrage temporel, une partie de ses partisans « sort » de la communauté. Sortir, en arabe, se dit *kharaja*, d'où leur nom de « kharejites ».

Entre-temps, en 658, l'arbitrage est rendu. Connu sous le nom d'« arbitrage d'Adroh », il donne tort à Ali, en le suspectant de complicité avec les meurtriers de son prédécesseur. Les troupes de Mo'awiya en profitent pour proclamer ce dernier calife. Ali doit quant à lui vaincre la rébellion des kharejites, ce qu'il tente de faire notamment à partir de l'Irak actuel. C'est l'un de ces « sortants » qui l'assassine en 661 : Mo'awiya triomphe sans avoir combattu. Mais les fils d'Ali poursuivent le combat à la tête des partisans de leur père, en arabe *chi'at Ali* (« les partisans d'Ali »), d'où leur nom de « chiites ». Hassan, se rendant compte que l'art militaire n'est pas sa prédilection, abandonne très vite et revient à Médine pour y vivre en famille parmi ses innombrables épouses et concubines. Hussein, lui, portera le flambeau jusqu'à sa mort en martyr à Kerbala, vingt ans plus tard, en 680.

À la mort d'Ali, la communauté est divisée en trois branches. D'une part, ses partisans, les chiites ; en deuxième lieu les « sortants », ou kharejites ; enfin ceux qui sont restés fidèles à la tradition, en arabe la *sunna*, autrement dit les sunnites.

Aujourd'hui, 90 % des musulmans dans le monde sont sunnites. 9 % sont chiites et le 1 % restant englobe non seulement les kharejites, mais également toutes les dissidences qui, désormais, seront des dissidences chiites – on le verra plus loin.

Entre-temps, Mo'awiya a opéré un double coup d'État : le premier en s'autoproclamant calife à la demande de ses troupes ; le second, décisif, en décrétant – d'une manière certes subtile et indirecte – le califat dynastique. En effet, lorsqu'il propose son fils Yazid comme successeur, il ne se trouve aucun dignitaire pour le contester.

CHAPITRE 7

L'expansion de l'islam : les Arabes, les Omeyyades

الشَّكُورُ

BRÈVE CHRONOLOGIE

635	Les armées musulmanes entrent à Damas.
636	La majeure partie de la Syrie et la Palestine sont occupées. Conquête de l'Irak.
637	Jérusalem est prise par les Arabes.
639-642	Victoire arabe de Yarmouk ; conquête de l'Égypte.
642	Les armées islamiques se lancent à l'assaut de l'Afrique du Nord ; elles font dans le même temps quelques incursions en Arménie. Conquête de l'Iran.
643	Fondation d'al-Fustat.
651	Mort du dernier roi perse.
659	Trêve entre les Byzantins et les Arabes.
661-750	Dynastie des Omeyyades. Damas devient le siège du califat.
674	Premier siège de Constantinople par les Arabes.
690	Construction de la mosquée al-Aqsa.
709	Construction de la mosquée des Omeyyades, la grande mosquée de Damas.
711	Les armées arabes et musulmanes prennent pied en Espagne : prise de Tolède et de Cordoue.
732	Siège de Poitiers par l'avant-garde des armées musulmanes.
750-1055	Dynastie des Abbassides.
751	Les Arabes défont les Chinois au Turkestan.
786-809	Règne de Haroun al-Rachid (*Les Mille et Une Nuits*). C'est l'âge d'or de la civilisation islamique. Épanouissement des lettres, de la poésie, de la philosophie, de la médecine, de l'astronomie, de l'algèbre…
909-1048	Règne des Fatimides, dynastie chiite, en Afrique du Nord et en Égypte.
1021	Dissidence druze avec El-Darazi.

Avec le prophète Mahomet, c'est toute la région de La Mecque et de Médine qui est islamisée. Moins de trente ans après sa mort, pendant le règne des quatre premiers califes, la nouvelle religion s'étend sur un vaste territoire.

L'expansion de l'islam se fait selon trois axes : vers le nord, en direction du Levant ; vers l'est, en direction de la Mésopotamie, de la Perse, de l'Asie centrale et du monde indien ; et enfin vers l'ouest, en direction de l'Égypte et de l'Ifriqiya, l'Afrique du Nord. Très vite, des peuples entiers « se soumettent » à Dieu.

Les causes de l'expansion

L'idée préconçue que nous avons des conquêtes fulgurantes de l'islam laisserait croire que les tribus arabes islamisées, habitées par l'enthousiasme de la foi nouvelle, se sont ruées pour répandre l'islam, avec dans une main le Coran et dans l'autre l'épée. Cette idée est à rectifier.

Il existe plusieurs explications à cette expansion rapide.

Il est vrai que les tribus arabes sont convaincues de la justesse de leur cause. Le Coran ne promet-il pas aux croyants le paradis s'ils meurent à la guerre « au nom de l'islam » ? Par ailleurs, il ne faut pas oublier que le monde d'alors, dans la région, était limité à l'Empire perse et à l'Empire byzantin. Les populations locales supportent mal l'oppression de Constantinople et la domination perse. D'autre part, l'islam leur apparaît comme une religion libératrice : les conquérants ne leur proposent pas la conversion ou la mort ; bien au contraire : ceux qui se convertissent sont considérés comme les égaux des conquérants. Le Prophète le leur assure : « Vous êtes tous égaux comme les dents d'un même peigne. » Ceux, juifs ou chrétiens, qui voudraient garder leur foi originelle pourront exercer librement leur culte « protégés par leur *oumma* ou la communauté des croyants ». Ils feront partie de ces « gens du Livre » reconnus par l'islam. Seuls les païens, les athées et les sans religion risquent la mort. Les *dhimmis*, ces protégés du Livre, devront payer un impôt spécial, la *jizya* ou impôt de capitation.

Enfin, sur le plan sociologique, les tribus arabes, dans leur grande majorité nomades, migrent en suivant la route des oasis. Pauvres, elles recherchent les verts pâturages de la Syrie fertile et en premier lieu les non moins vertes vallées de la Mésopotamie.

Les tribus arabes antéislamiques établies en Mésopotamie et en Syrie rejoignent naturellement les

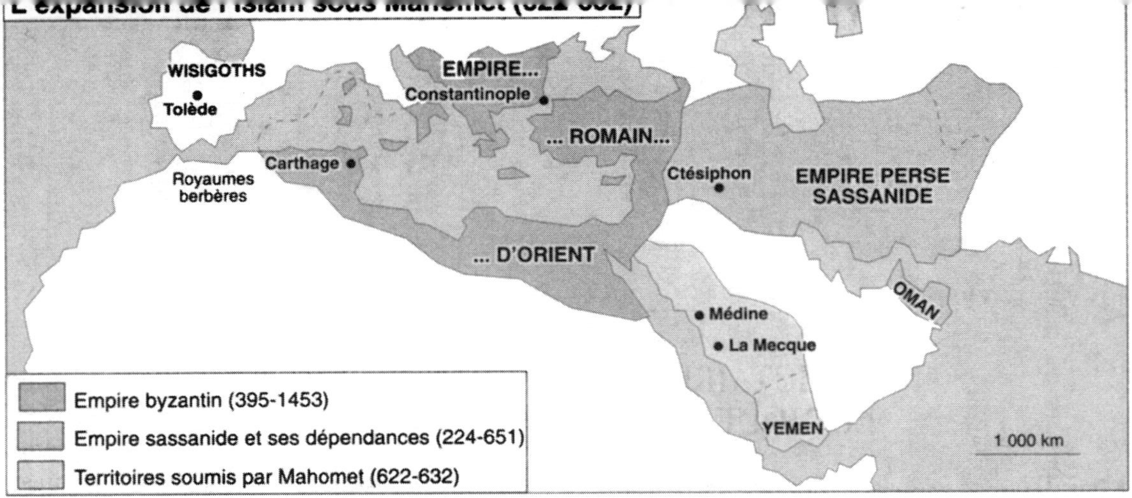

Moins de cent ans après la mort du Prophète, l'Empire islamique arabe s'étend jusqu'aux confins de l'Afghanistan avec une percée dans les territoires de l'Inde. Au nord, les armées arabes ont déjà atteint les territoires des bords de la mer Caspienne. Toute l'Ifriqiya (l'Afrique du Nord) est sous leur contrôle. L'étendard du Prophète flotte déjà sur l'Espagne.

armées musulmanes quand celles-ci portent l'assaut. Puis, à partir de 661, la dynastie omeyyade mènera une conquête spécifiquement arabe.

L'Empire omeyyade

Mo'awiya, qui devient calife en 661 et ouvre la dynastie des Omeyyades, est gouverneur de la Syrie depuis 638 : il fait donc naturellement de Damas le centre de son pouvoir. Au milieu de ses fidèles troupes arabes qui l'ont proclamé calife, il se sent à l'abri. L'Empire omeyyade sera avant tout un empire arabe.

La Perse est déjà conquise, de même que la Palestine et la Syrie. Les habitants de ces deux contrées, sous l'emprise byzantine, ont accueilli les Arabes comme des libérateurs. La conquête de l'Égypte a été elle aussi menée rapidement, entre 639 et 642, par l'un des meilleurs capitaines des armées musulmanes, Amr Ibn al-Ass. Mais ce sont les Omeyyades qui achèvent la conquête de l'Afrique du Nord, l'Ifriqiya. Certes, dès 648, Oqba Ibn Nafi dirigeait une expédition au cours de laquelle il a mis en place les bases de la place d'armes de Kairouan. Mais ce n'est qu'en 681, sous les Omeyyades, qu'il conduit ses troupes jusqu'à Tanger. La résistance farouche des Berbères, menée par la Kahina de la tribu des Jerawwa, retarde l'achèvement de cette conquête jusqu'au début du VIIIe siècle. Pour canaliser la fougue des nouveaux soumis et convertis que sont les Berbères, leur capitaine, Tariq Ibn Zyad, décide sans même l'accord de Damas de traverser la Méditerranée jusqu'en Espagne en 710.

Les Arabes se lancent également dès 694 à la conquête de l'Asie centrale. La Transoxiane (qui correspond de nos jours à une partie de l'Ouzbékistan) est soumise à leur domination ; il faut néanmoins attendre le début du XIe siècle pour voir achevée la conquête du Sind (dans l'actuel Pakistan).

Pendant ce temps, à partir de l'Espagne, les Arabes avancent dans le sud de la France et s'installent à Narbonne et à Perpignan, d'où ils mènent un raid dans la vallée du Rhône. Ce n'est qu'en 732, un siècle après la mort du Prophète, que Charles Martel les arrêtera près de Poitiers.

Un État centralisé

Une des conséquences de la prise de pouvoir par Mo'awiya est sans aucun doute le retour en force de la classe dirigeante des Qoreiches (ou Qoreichites) au pouvoir. En effet, la victoire de Mo'awiya sur les compagnons du Prophète s'explique par le fait qu'il était le fils d'Abou Sufyan, l'ancien chef des Mecquois hostile à Mahomet.

Mo'awiya s'appuie sur la tradition arabe où le chef de tribu est coopté par le conseil des anciens, qu'il consulte ; mais aussi sur la tradition byzantine et perse où le souverain dispose d'un pouvoir quasi absolu ; et enfin sur la loi coranique qui donne des règles sur la manière de gouverner. Le calife est *Khalifat Allah*, c'est-à-dire le « calife de Dieu », *amir al-mu'ninin*, c'est-à-dire le « commandeur des croyants ». Mais ce qui caractérise le plus l'Empire omeyyade est l'organisation d'un État centralisé. Tout part de Damas ; tout revient vers Damas. Les Arabes sont sans aucun doute des citoyens de premier rang, que ce soit sur le plan de l'impôt, de l'armée ou de la propriété ; il est indéniable qu'ils sont les nouveaux aristocrates par rapport aux populations conquises, aux autochtones, aux chrétiens, aux juifs, etc. Néanmoins, les Arabes sont recrutés par les dignitaires de l'empire pour servir et occuper des postes que ne peuvent assumer les musulmans.

Vers l'émergence d'un art

Un État centralisé signifie également une organisation de la société. Les rencontres avec les chrétiens, les zoroastriens, les juifs ont poussé les musulmans à préciser leurs dogmes et à développer une véritable théologie musulmane. Ils découvrent la philosophie, les sciences et commencent un travail de traduction. Tout cela favorise l'émergence d'une importante vie littéraire au sein de l'empire, où fleurissent poètes, romanciers et essayistes. On assiste également à la naissance de l'art musulman. Cet art s'exprime surtout à travers l'édification de monuments religieux et notamment, bien entendu, les lieux de culte et la mosquée. Les Omeyyades font travailler des artisans autochtones : les Syriens, les Coptes et autres chrétiens et juifs… Il est donc naturel que l'apport byzantin soit considérable, ce qui explique pourquoi divers éléments architecturaux sont venus s'ajouter à la mosquée originale.

POÈTES ET ÉCRIVAINS

Du temps des Omeyyades ont vu le jour d'immenses chefs-d'œuvre, notamment sur le plan de la poésie où se distinguent trois géants : Al-Akhtal, mort vers 710, Djarir, mort vers 729, et Al-Farazdaq, mort vers 733. Le premier, Al-Akhtal, est un chrétien grand amateur de vin et chantre des Omeyyades ; le deuxième, Djarir, chante la grandeur de l'islam ; enfin Al-Farazdaq, qui a mené une existence dissolue en Irak et à Basra, défend la cause des partisans d'Ali, les « alides ». L'époque omeyyade voit l'apparition d'un grand livre de poésies consacré à l'amour et à la passion pour une seule femme, Majnoun Laïla. La prose n'est pas en reste : Abdallah Ibn Muqaffa est l'auteur de plusieurs épîtres, et il a surtout traduit en arabe les fameuses fables indiennes qui vont devenir, sous leur titre *Kalila et Dimna*, un formidable succès littéraire.

Si l'art musulman est avant tout un art sacré, il s'exprime avec la même inspiration dans les « châteaux du désert » entourés de formidables oasis remontant parfois à l'époque romaine, souvent à l'époque byzantine. Cet art, qui doit répondre aux conditions géographiques et à l'aridité de l'environnement social, exprime la volonté de louer un prince, un gouverneur ou un chef militaire. Puisque le Coran interdit toute représentation de Dieu, les musulmans les plus rigoristes ont également proscrit toute représentation des hommes ou des animaux. Ne pas reproduire la figure humaine ou animale empêche les artistes de devenir les observateurs du monde : l'artiste se cantonne à des figures géométriques ou des décors floraux, mais surtout il se tourne vers la calligraphie.

La calligraphie arabe musulmane

La calligraphie arabe musulmane adopte essentiellement deux styles : le style koufique, où les lettres sont rectilignes et anguleuses, ce qui leur donne un caractère à la fois cursif et imposant ; le style naskhi, où les lettres dessinent des courbes sinueuses ressemblant à un véritable tableau. Cet art majeur en islam s'explique dans la mesure où le Coran, livre sacré, offre à l'artiste la possibilité de puiser indéfiniment une inspiration calligraphique. De plus, puisque à la différence de l'art chrétien toute représentation humaine est bannie, la représentation des passages coraniques est considérée comme un acte pieu.

De plus, le travail de l'artiste calligraphe est essentiel à diverses corporations comme celles des artisans de la mosaïque, des tailleurs de pierre, des graveurs sur cuivre…

La cité, l'État islamique du califat de Mo'awiya

L'une des caractéristiques du califat de Mo'awiya est de constituer un véritable État islamique. La communauté musulmane, la *oumma* (qui vient de la racine *oum*, la mère, celle qui a enfanté, qui protège, qui nourrit) considère que le monde se divise en trois parties :

– *Dar al-Islam*, ou la maison, la demeure de l'islam ;

– à l'autre extrémité, *Dar al-Harb*, la maison de la guerre, qui désigne les sociétés non musulmanes n'ayant pas de rapport ou n'ayant pas conclu de pacte avec les musulmans, où les musulmans n'arrivent pas à exercer leur culte ;

– et enfin *Dar al-Solh* ou *Dar al-'Ahd*, la maison de la trêve ou la maison de l'alliance, qui représente la société où les non-musulmans ont conclu un pacte avec la *oumma* et où les musulmans peuvent exercer librement leur foi et leur culte.

Avec la conquête, les dirigeants musulmans doivent affronter l'intégration des sujets non musulmans. La communauté leur offre le choix : ils peuvent rejoindre l'islam, se convertir et devenir pareils aux autres musulmans ; ils peuvent également garder leur culte et leur religion d'origine et devenir des protégés de la communauté, des *dhimmis*. Pour bénéficier de cette protection, ils doivent verser un impôt particulier, la *jizya* ou « capitation ». Néanmoins, le pacte d'Omar, décrété durant le califat du second successeur du Prophète, sera adopté par la plupart des califes.

Deux principes fondamentaux dominent le gouvernement islamique : celui de la *choura*, c'est-à-dire la consultation de la communauté avant toute décision importante, et celui de l'allégeance, demandée notamment aux convertis, qui institue un lien sacré entre les membres de la communauté.

Une des particularités de la communauté sunnite est l'inexistence d'intermédiaire entre le croyant et son Créateur. Il n'y a pas de clergé en islam sunnite. Certes, l'imam, de l'arabe « devant », est chargé de conduire la prière communautaire du vendredi ; mais s'il dispose pour cela d'une véritable autorité morale, il n'a aucune réelle autorité sur les croyants.

La loi islamique (*charia*) est codifiée pour situer la loi divine issue du Coran et de la Sunna, les deux premières sources de l'islam.

CHAPITRE 8

L'Empire abbasside : l'expansion musulmane

العليّ

Dès 750, et jusqu'à l'apparition des Ottomans en 1280, la conquête qui se poursuit perd son caractère spécifiquement arabe. En 750, les Abbassides mettent un terme à la dynastie des Omeyyades ; les califes abbassides – descendant d'Abbas, oncle du prophète – seront arabes mais également perses, et par la suite berbères.

Sous les Abbassides, le califat est transféré de Damas à Bagdad. Mais plus l'empire s'agrandit, plus le pouvoir central a du mal à contrôler les territoires conquis et à gérer toutes les révoltes sociales et religieuses qui surgissent aux quatre coins de l'empire.

Si l'expansion musulmane est arabe de 661 à 750, celle qui suit est portée par un islam déjà multinational.

Les Arabes n'ont pas été éliminés, mais la dynastie des Abbassides permet l'accession au pouvoir de musulmans autres qu'arabes, c'est-à-dire en provenance des territoires conquis comme la Perse ou

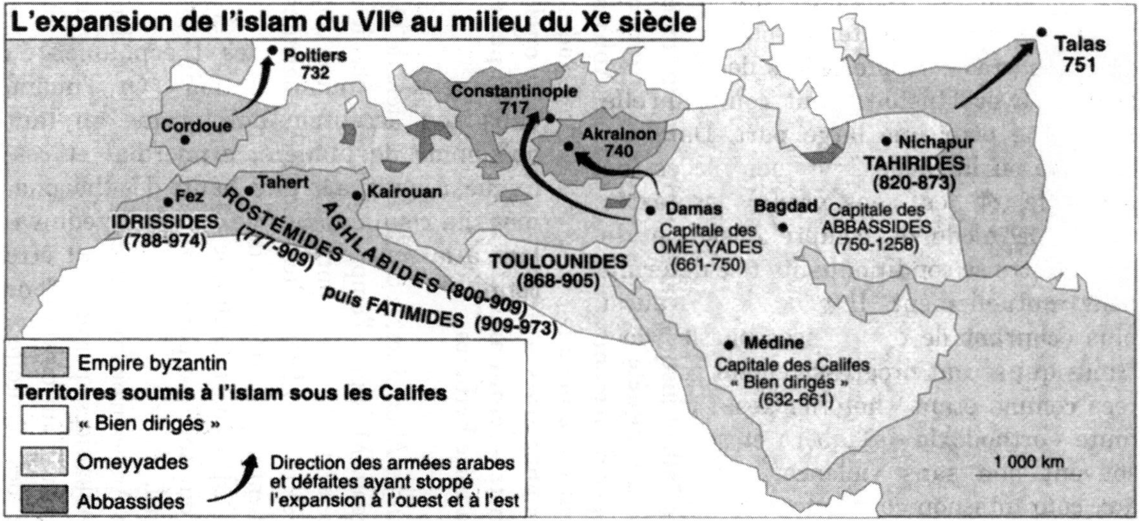
L'expansion de l'islam du VIIe au milieu du Xe siècle
Poitiers
732
Cordoue
Fez
IDRISSIDES
(788-974)
Tahert
ROSTÉMIDES
(777-909)
Kairouan
AGHLABIDES (800-909)
puis FATIMIDES (909-973)
Constantinople
717
Akrainon
740
TOULOUNIDES
(868-905)
Damas
Capitale des
OMEYYADES
(661-750)
Bagdad
Capitale des
ABBASSIDES
(750-1258)
Nichapur
TAHIRIDES
(820-873)
Talas
751
Médine
Capitale des Califes
« Bien dirigés »
(632-661)
1 000 km
Empire byzantin
Territoires soumis à l'islam sous les Califes
« Bien dirigés »
Omeyyades
Abbassides
Direction des armées arabes
et défaites ayant stoppé
l'expansion à l'ouest et à l'est

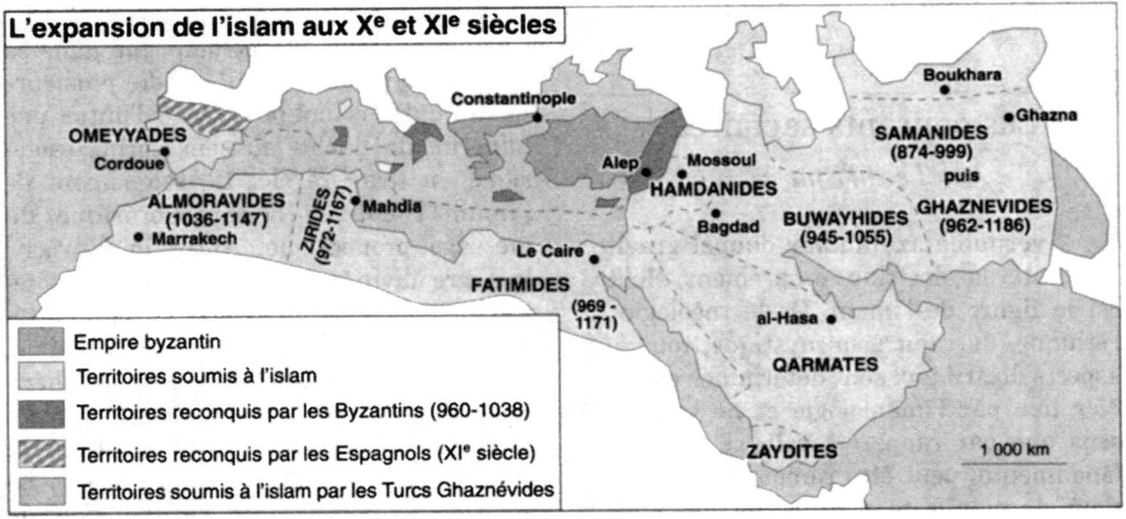
L'expansion de l'islam aux Xe et XIe siècles
OMEYYADES
Cordoue
ALMORAVIDES
(1036-1147)
Marrakech
ZIRIDES
(972-1167)
Mahdia
Constantinople
Alep
Mossoul
HAMDANIDES
Bagdad
Le Caire
FATIMIDES
(969 -
1171)
BUWAYHIDES
(945-1055)
SAMANIDES
(874-999)
puis
GHAZNEVIDES
(962-1186)
Boukhara
Ghazna
al-Hasa
QARMATES
ZAYDITES
1 000 km
Empire byzantin
Territoires soumis à l'islam
Territoires reconquis par les Byzantins (960-1038)
Territoires reconquis par les Espagnols (XIe siècle)
Territoires soumis à l'islam par les Turcs Ghaznévides

l'Afrique du Nord. L'une des spécificités du pouvoir abbasside est la distance progressive prise par le calife, le commandeur des croyants, par rapport au pouvoir strictement politique. Il se cantonne à maîtriser autant que faire se peut son rôle religieux et s'en remet, pour ce qui est du politique et des affaires, à ses ministres et premiers ministres, appelés vizirs.

Mais le pouvoir, dans l'Empire abbasside, est de plus en plus accaparé par les militaires, les gouverneurs de province, les grands administrateurs… C'est sans doute en partie afin de se protéger de cet entourage de plus en plus puissant que le calife a recours à des mercenaires étrangers pour constituer sa propre garde personnelle : des Berbères, des Slaves, des Turcs. Si bien que le calife finit par se retrouver prisonnier de cette garde personnelle ; et comme les grands dignitaires de l'empire disposent eux-mêmes de leur armée respective, la multiplication de ces petits royaumes va accélérer le morcellement de l'empire.

Les hauts lieux de l'islam

LA MECQUE. Pour les musulmans, c'est à la fois le lieu du sacrifice d'Abraham et celui de la naissance du Prophète. C'est surtout à La Mecque que Mahomet a reçu la révélation. Dans la Ville sainte se trouve la fameuse Kaaba, cet immense cube autour duquel les pèlerins effectuant le *Hajj* tournent nus sous leurs draps blancs, afin de bien souligner leur égalité ; c'est vers la Kaaba que sont tournés les visages des morts lorsqu'ils sont mis en terre.

MÉDINE. *Madinat al-Nabi*, littéralement « la ville du Prophète ». Anciennement Yathrib, c'est la ville où le Prophète s'est réfugié en 622, date de l'exil de Mahomet de La Mecque (l'hégire) qui marque le début du calendrier musulman. C'est enfin à Médine que le Prophète est mort et inhumé.

JÉRUSALEM. Entre 610 et 622, première période de la prédication, c'est vers cette ville que les musulmans se tournaient lors de leurs prières et plus précisément vers le temple de Salomon. Le Mur des lamentations est également l'endroit où Mahomet a attaché son cheval, le Bouraq, qui l'emportera pour une brève extase céleste. Il ne faut enfin pas oublier que Jérusalem abrite le Saint-Sépulcre, tombeau du Grand Prophète 'Issa, Jésus. Toutefois, Jérusalem, *al-Quds* de son nom arabe, qui veut dire littéralement « la Sainte », n'est pas citée une seule fois dans le Coran.

Pour la branche chiite de l'islam, il faut ajouter les villes saintes d'Irak et d'Iran : Kerbala, où fut martyrisé et tué le petit-fils du Prophète, Hussein ; Nadjaf, Koufa, lieu de l'assassinat d'Ali, cousin et gendre du Prophète, par un membre de la communauté dissidente des kharejites (troisième branche de l'islam), et Machad.

Trois hauts lieux de l'enseignement théologique islamique méritent qu'on les mentionne : l'université d'al-Azhar au Caire, celle de la Zeitouna à Tunis, et celle de Karouine à Fez.

CHAPITRE 9

Le chiisme

الكبيرُ

À la mort de Mahomet, la communauté, la *oumma*, encore à taille humaine, se réunit pour choisir son successeur. Une partie, ceux qu'on appelle les « gens de la Maison », *Ahl al-Beyt*, milite pour le choix de ce dernier au sein de la famille du Prophète. Le seul parent masculin proche de Mahomet est son cousin, devenu aussi son gendre, Ali Bin Abi Taleb. L'autre partie de la communauté, la plus importante, prêche pour les traditions ancestrales, c'est-à-dire la cooptation du plus digne au sein de la *oumma* pour la diriger. On l'a vu, c'est celle-ci qui l'a emporté.

Le premier calife, Abou Bakr, est un vieux compagnon du Prophète qui l'a accompagné dans sa fuite de La Mecque à Yathrib (Médine) ; il est aussi devenu son beau-père puisque la dernière épouse de Mahomet, Aïcha, est sa fille ; le deuxième, Omar, se tient loin des polémiques et est quasiment désigné par Abou Bakr ; le troisième, Othman, bien qu'appartenant au clan qui s'était opposé au Prophète à La Mecque, est devenu son gendre ; enfin Ali, le quatrième calife, fait partie de la maison du Prophète, étant cousin et gendre de Mahomet.

Portrait d'Ali

Beau-fils de Mahomet et mari de Fatima (une fille que ce dernier a eue de son premier mariage et la seule à lui avoir donné des héritiers mâles), Ali aurait pu devenir le premier calife à la mort de Mahomet en 632. Malheureusement pour lui, ce fut Abou Bakr – un beau-père de Mahomet – qui se fit élire premier calife. C'est en quelque sorte la lutte des vieux (Abou Bakr avait la soixantaine) contre les jeunes (Ali avait moins de trente ans). Avant qu'Ali ne fût élu à son tour calife, deux autres califes régnèrent sur les Arabes (Omar et Othman), et trente années s'écoulèrent. Ce n'est qu'après l'assassinat d'Othman (en 656) qu'Ali fut, enfin, élu calife... et pas pour bien longtemps. En effet, un parent du dernier calife omeyyade (Mo'awiya) voulait également devenir calife et obtint l'appui d'Aïcha, l'épouse préférée de Mahomet. Ali gagna une bataille (dite « des chameaux ») mais, devant l'incertitude d'une autre bataille, il accepta un arbitrage, lequel lui fut défavorable. Certains membres de sa tribu n'acceptèrent pas cet arbitrage et créèrent un mouvement dissident (les kharejites ; voir plus haut le chapitre 6). Ali combattit ce mouvement mais mal lui en prit : il fut assassiné quelques mois après avoir été élu calife (sa tombe, à Nadjaf, en Irak, est un des lieux saints de l'islam chiite). Il laissa deux fils (les petits-fils de Mahomet), Hassan et Hussein : le premier, l'aîné, abandonna assez vite toute prétention au pouvoir tandis que le cadet périt avec ses compagnons à la bataille de Kerbala. Hussein est considéré par les chiites comme un martyr et la ville de Kerbala (située à moins de cent kilomètres de Bagdad) est devenue l'un des principaux lieux saints de l'islam chiite. Comme on le voit, la postérité n'a pas été généreuse avec les descendants directs du Prophète.

Les kharejites se retrouvent aujourd'hui essentiellement à Djerba en Tunisie et dans le Sud tunisien et algérien ; ils sont aussi au pouvoir dans le sultanat d'Oman sous le nom d'« ibadites », les adorateurs.

Si tous les chiites se revendiquent d'Ali (le premier imam), certains schismatiques (comme les Alaouites ou Nusayris) vont jusqu'à diviniser Ali (dans une triade comprenant aussi Mahomet et un compagnon de celui-ci). Signalons encore, pour terminer, une petite distinction : les chiites alides sont les chiites partisans d'Ali, alors que les chiites alaouites « rendent un culte à Ali ».

Les chiites croient en l'imamat : pour eux, l'imam n'est pas seulement celui qui conduit la prière comme dans le sunnisme (*imam* veut dire « devant » en arabe) mais également celui qui dirige la communauté, la *oumma*. Ali est le premier imam, son aîné Hassan est le deuxième et Hussein le troisième.

Les chiites croient également qu'un clergé hiérarchisé doit animer la communauté sous l'égide de l'imam, alors que dans le sunnisme il n'y a pas de clergé ni d'autre intermédiaire entre le croyant et son Créateur.

Par ailleurs, alors que les sunnites mettent fin au XIe siècle à l'effort d'interprétation du Coran, figeant le dogme jusqu'à nos jours, les chiites, eux, n'ont jamais cessé l'*ijtihad* ; c'est celui-là qui a porté les constitutionnalistes au pouvoir en 1916 et qui a installé Ruhollah Khomeiny en Iran en 1979.

Comme tous les schismes de l'islam, le chiisme en est un à trois niveaux : généalogique, pour la question de la succession du Prophète, théologique, comme on vient de le voir, et enfin politique.

Sur ce dernier plan, les chiites, minoritaires dans le monde – ils représentent 10 % des musulmans –, adoptent le phénomène de la *takia* ou du *koutmâme*, c'est-à-dire la dissimulation religieuse : un chiite parmi les sunnites a le droit et le devoir de taire son appartenance communautaire pour préserver sa vie. En revanche, quand les chiites arrivent au pouvoir, comme à Téhéran, ils deviennent exubérants et parfois arrogants.

LE CHIISME DUODÉCIMAIN, COURANT PRINCIPAL DU CHIISME

La deuxième grande étape de la formation du chiisme est la révolte que Hussein, deuxième fils d'Ali, mène contre le calife de Damas en 680.

Après la mort de Mo'awiya en 680, son fils Yazîd, qui avait la réputation de s'adonner à la boisson et de bafouer l'islam, accède au pouvoir. Avec l'aide de partisans basés à Kûfa, Hussein organise une révolte dans la ville de Kerbala. L'affrontement tourne en sa défaveur et Hussein ainsi qu'une partie de sa famille sont décapités par les troupes omeyyades. Il s'agit là d'un épisode fondateur du chiisme ; toute la martyrologie chiite s'en inspire. L'événement est commémoré chaque année par les chiites dans les moindres détails (ce sont les rites de muharram) : les fidèles évoquent et revivent chaque épisode en pleurant les martyrs. Le dixième jour des commémorations, les fidèles célèbrent l'Achûra, le martyre de Hussein, en se frappant la poitrine en signe de contrition. Selon Sabrina Mervin, ce qui s'exprime dans ces rites, « c'est l'âme du chiisme : l'amour pour les imams, la douleur de les avoir perdus et les remords que porte la communauté entière de ne pas avoir secouru Hussein ».

Il est toutefois important de souligner que la révolte de Hussein, comme le combat d'Ali en son temps, revêt une dimension bien plus politique que religieuse : l'enjeu était bien de faire valoir son droit à la succession et non de faire triompher un dogme. Les divergences théologiques viendront par la suite. Jawad Boulos va même jusqu'à considérer le chiisme des premiers siècles comme un mouvement séparatiste irakien, une forme religieuse de l'opposition ethnique et politique à la domination syrienne. C'est bien en Mésopotamie que se sont formées la légende d'Ali et la doctrine du califat légitime, reprises au VIIIe siècle par les populations converties de l'Iran.

Quoi qu'il en soit, les chiites ne reconnaissent, dès l'origine, que la descendance directe d'Ali ; par la suite, le dogme chiite se précise. Le sixième imam, Ja'far al-Sâdiq, y contribue : il est à l'origine de la doctrine centrale du *naas*, selon laquelle chaque imam doit désigner formellement son successeur conformément à la volonté divine. C'est également à son époque que le concept de *taqiyya* fait son apparition : cette doctrine autorise le croyant à dissimuler sa véritable foi et à se dispenser des prescriptions du culte lorsqu'il est en danger. Cette pratique apparaît légitime au regard des constantes persécutions que subissent les communautés chiites dès leur origine. Elle s'inscrit dans le statut chiite d'éternel persécuté en attente du rétablissement de la justice par la venue du Messie. L'échec politique du chiisme est en effet un de ses éléments constitutifs : elle justifie à la fois le thème de la martyrologie et l'attente de leur triomphe dans l'au-delà.

La dernière étape de la formation de ce qu'on appelle le « chiisme duodécimain » est la constatation de la disparition du douzième imam en 874, à l'âge de cinq ans. La présence d'un imam étant nécessaire au monde, les théologiens concluent à l'occultation de l'imam Muhammad al-Mahdi qui, de manière invisible, guide la communauté. Le temps de l'« occultation mineure » voit se succéder quatre ambassadeurs de l'imam jusqu'en 941, date à laquelle débute l'« occultation majeure » – l'imam aurait lui-même ordonné au quatrième ambassadeur de ne pas se désigner de successeur. Les fidèles attendent depuis lors le retour de l'imam caché, qui apportera justice et bien-être sur terre. Viendront ensuite la fin du monde et le temps du jugement dernier.

Entre les deux occultations, les théologiens étoffent les doctrines du chiisme : ils établissent notamment le corpus de base des hadiths duodécimains. Les chiites reconnaissent la Sunna mais certains hadiths qui la transmettent leur sont propres. De même, chez les chiites, la chaîne des garants, qui fait office de preuve d'authenticité des hadiths, remonte systématiquement aux imams tandis que les sunnites admettent pour garants des compagnons du Prophète. Il s'ensuit un corpus de textes doctrinaux différents entre les deux branches.

Attentifs aux débats dogmatiques, les chiites se prononcent sur l'ensemble des thèmes sujets à polémique. Ils considèrent, comme les mu'tazilites, que les attributs divins font partie de l'essence divine ; l'apparence physique de Dieu est à prendre au sens métaphorique. Sur la question de la vision de Dieu, les chiites considèrent, à l'inverse des sunnites, que le croyant ne peut pas le voir, même dans l'au-delà. En outre, ils s'écartent également de l'orthodoxie en affirmant que l'homme est libre et responsable de ses actes.

Mais la grande fracture théologique entre les deux branches principales de l'islam intervient sur la question de l'imamat. L'imam chiite est le chef temporel et spirituel désigné par Dieu lui-même : l'imamat chiite est incomparable au califat sunnite car il ne s'agit pas seulement de la succession de Mahomet mais bien d'un fondement même de la religion. Des hadiths propres aux chiites rapportent que, de sa lumière, Dieu fit jaillir d'une part Mahomet et la prophétie, et d'autre part Ali et l'imamat ; l'imamat vient donc compléter la prophétie et prend une dimension divine. D'ailleurs, les imams, tout comme Mahomet, sont considérés comme infaillibles dans l'absolu alors que les sunnites n'admettent l'infaillibilité du Prophète qu'en état de prophétie, et ne reconnaissent aucun statut divin aux imams.

Les chiites considèrent en outre les imams comme dépositaires de la science divine et gardiens de la charia. Ils ont réellement un rôle de guides pour les fidèles qui leur doivent amour et obéissance. Les théologiens de ce courant fondent leur dogme sur le Coran, qui évoque clairement la dignité d'Ali à l'imamat, et douze hadiths qui achèvent de prouver sa désignation comme imam. L'un d'entre eux rapporte par exemple des propos du Prophète selon lesquels deux choses empêcheraient la communauté de s'égarer : le Livre saint et sa famille, les *Ahl al-Beyt*.

À la fois chef politique et guide spirituel, l'imam cumule l'ensemble des pouvoirs. Il est le seul habilité à statuer sur le licite et l'illicite, à diriger la prière du vendredi, à déclarer le *jihad*, à émettre des jugements, etc. Après l'occultation, les chiites se trouvent donc privés de leur maître à penser ; les oulémas tentent dès lors de sortir de l'impasse en réélaborant la doctrine. Ils s'arrogent peu à peu une partie des pouvoirs des imams. Ils élaborent des concepts légitimant l'obéissance des croyants au *mujtahid* (savant reconnu) ; ce dernier est d'ailleurs érigé en représentant de l'imam caché, ce qui lui donne le droit de percevoir l'impôt et de trancher des conflits, pouvoirs originellement réservés aux imams.

Cette tendance renforce le pouvoir des oulémas chiites qui, à partir du XIXe siècle, s'impliqueront davantage dans les affaires politiques. Pour preuve, c'est à cette époque que pour la première fois, un ouléma émet une *fatwa* appelant au *jihad* au nom de l'imam. En 1830, le savant Ahmad al-Narâqî étaie la doctrine de la délégation du juriste (*niyâba*) en l'enrichissant du concept de guidance (*wilayâ*). Murtadâ al-Ansârî développe, lui, l'idée qu'un savant, le *mujtahid*, est source d'inspiration pour les croyants. Ces débats autour de la direction spirituelle chiite s'intensifient dans le premier tiers du XXe siècle avec la révolution constitutionnaliste en Iran et la formation de l'État irakien moderne. L'ayatollah Khomeiny poursuit ces thèses doctrinales dans un but plus politique encore ; il reprend le concept de *wilâya al-faqîh* (guidance du juriste) et le conjugue à celui de gouvernement islamique (*hukûma islamiyya*), selon lequel Dieu seul détient la souveraineté. La mission du juriste est désormais de guider la communauté et de conduire une politique en accord avec les principes de l'islam.

LES DIFFÉRENTES SECTES DU CHIISME

Courant dissident au sein du sunnisme, le chiisme a lui-même engendré plusieurs sectes minoritaires. C'est le cas de l'ismaélisme et de ses sous-sectes, apparues vers 762, au début du règne des califes abbassides de Bagdad.

Pour les ismaéliens, la succession des imams s'achève avec le septième d'entre eux. Leur doctrine s'éloigne de l'orthodoxie chiite par la prédominance accordée à la raison.

Les Fatimides, apparus vers 890 au Yémen, s'implantent avec succès au Maghreb et fondent une dynastie bicentenaire dans la ville du Caire, permettant pour la première fois au chiisme d'accéder à une position dominante sur la communauté sunnite.

Bien d'autres sectes voient le jour, tels les Druzes et les Nusayris : ceux-ci survivront jusqu'à nos jours et possèdent encore des communautés dynamiques au Proche-Orient.

L'émergence de doctrines dissidentes représente plus souvent un moyen d'opposition politique, ethnique ou nationale au pouvoir central du calife, qu'une réelle révélation divine. Le chiisme incarne par exemple les aspirations nationales de l'Irak et de l'Iran vis-à-vis de la Syrie dominatrice. Il s'est trouvé particulièrement adapté au milieu irako-iranien, héritier des traditions babyloniennes et sassanides qui font du souverain un dieu. D'ailleurs, une fois le califat des Abbassides mis en place en 750, la ferveur revendicatrice de la communauté chiite irakienne déclina quelque peu ; en effet, même si les sunnites conservaient le pouvoir, le retour de la vieille Mésopotamie au sommet de sa puissance les satisfaisait.

L'ARBRE DE L'ISLAM

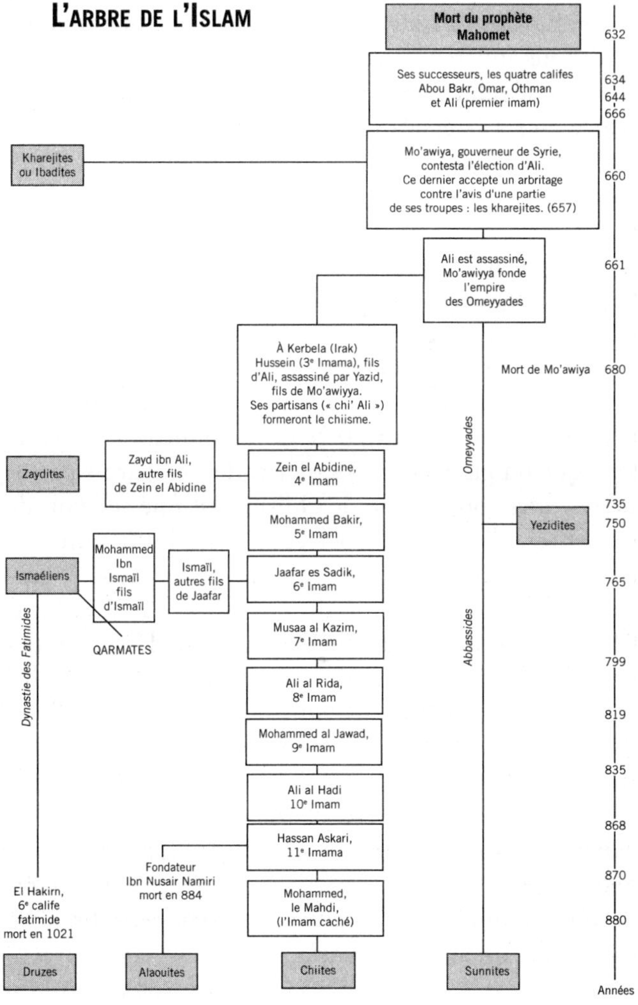

Ce fut dès lors au tour des Égyptiens, héritiers des traditions pharaoniques qui font du souverain un dieu, de se rallier au chiisme fatimide en signe de dissidence face à Bagdad. Ils proclamèrent leur autonomie en 969 et fondèrent la dynastie fatimide du Caire.

GÉOPOLITIQUE DU CHIISME : SITUATION ACTUELLE DU CHIISME

Les chiites représentent, toutes sectes confondues, 12 % de l'ensemble des musulmans, soit 140 millions d'âmes. Ils constituent 70 % de la population du golfe Persique où gisent les trois quarts des ressources pétrolifères. Dès son origine, le chiisme est une religion de minorités, d'exclus, de persécutés. La lutte contre le sunnisme prend donc un caractère de revanche et participe du rétablissement de la justice qui accompagnera le retour du Mahdi. Dès la chute des Fatimides en 1171, les chiites sont de nouveau exclus par la communauté majoritaire ; ils vont donc se mettre à l'abri dans les zones montagnardes et se renferment sur eux-mêmes. Ce fait historique est encore vérifiable aujourd'hui : il existe un « djebel (montagne) Druze », un « djebel Alaouite », une « montagne Zaydite », etc. Seule la Perse devient, à partir du XVIe siècle, une terre de domination chiite ; partout ailleurs, cette branche est réduite au statut de paria.

Les chiismes non arabes

Le cas du chiisme iranien

En 1501, la dynastie des Séfévides, issue de tribus turques d'Asie centrale, impose le chiisme duodécimain à l'Empire perse. Certains y voient la volonté de ces anciens nomades turcs de créer un contrepoids au sunnisme, hégémonique dans la région. La Perse étant à l'époque en grande partie sunnite, un large mouvement de conversion a été nécessaire pour rendre cette décision effective. Il demeure d'ailleurs en périphérie de l'Iran des minorités ethniques, tels les Turkmènes, les Kurdes ou les Baloutches, d'obédience sunnite. S'engage dès lors un long processus de fusion entre le chiisme et l'« iranité » : le chiisme va progressivement devenir une des composantes essentielles de la nation iranienne. C'est au XVIIIe siècle, avec l'arrivée de la dynastie Qadjar, que l'assimilation chiisme-Iran s'opère ; cette période voit en effet le chiisme s'institutionnaliser et prendre la forme d'un clergé hiérarchisé, aidé en cela par les théories justifiant la guidance de la communauté par le juriste théologien. Le courant majoritaire à l'époque (le courant *usuli*) considère en effet qu'il revient au haut clergé de s'attribuer un certain nombre de prérogatives réservées à l'imam, telle que l'interprétation du Coran par exemple.

Le clergé assoit son assise sociale sur son autonomie financière : les dons qu'il perçoit lui permettent de développer les aides aux déshérités, de mettre en place des écoles coraniques, etc. En somme, les religieux consolident leurs positions là où l'État n'est que peu présent, voire complètement absent. Parallèlement à cette action, le clergé chiite institutionnalise des rites dans lesquels se reconnaîtra bientôt l'ensemble des Iraniens : c'est notamment le cas du rite de l'Achûra qui célèbre chaque année le martyre de Hussein à Kerbala. Il se pose ainsi, aux yeux des croyants, comme le garant de la justice et de la vérité face à toute forme de tyrannie. À la fin du XIXe siècle, le clergé devient un véritable contre-pouvoir face à la dynastie Qadjar, sur le déclin. En 1890, il coordonne un soulèvement populaire contre une décision du shah de donner le monopole de la culture et du commerce du tabac à l'Angleterre. Cet épisode achève de le propulser sur la scène politique en tant que défenseur des intérêts de la nation.

Dès le début du XXe siècle, le clergé doit résister à la montée d'un courant moderniste qui influence de plus en plus le shah. En 1906, des réformes libérales élaborées sur un modèle occidental se traduisent par un recul du clergé, assimilé à un frein au progrès. L'apogée de cette confrontation intervient après le coup d'État de Reza Shah en 1919 (c'est le début de la dynastie Pahlavi). Ce grand admirateur de Mustafa Kemal entend inscrire l'Iran dans un mouvement de modernisation national et laïc. Le clergé, marginalisé par le pouvoir en place, en profite pour exploiter les frustrations issues de réformes souvent brutales. Le chiisme iranien acquiert à cette époque des accents tiers-mondistes et devient le fer de lance de la révolte et du refus de l'ordre établi. La tentative des shahs d'écarter le clergé du pouvoir n'a fait que rendre au chiisme de sa force révolutionnaire originelle. C'est en mettant l'accent sur la très ancienne idée de gouvernement illégitime que le clergé a pu coordonner la révolte de 1979.

La politique extérieure de l'Iran après la révolution islamique répond à deux logiques : maintenir une influence régionale et se prémunir de toute menace émanant de ses rivaux. L'Iran mène en premier lieu une politique pan-chiite qui l'amène à coordonner les communautés chiites de la région : son influence s'exerce principalement sur les milieux chiites duodécimains ; son emprise est quasiment nulle sur le monde ismaélien. En outre, le régime des ayatollahs se pose en garant de la vérité islamique et ambitionne donc de diffuser la révolution chiite dans la région. Parallèlement, et de façon plus pragmatique, l'Iran tente de sortir de l'encerclement dans lequel la Turquie et l'Arabie Séoudite, puissances sunnites, le maintiennent. La crainte de l'encerclement est l'un des éléments moteurs de la politique extérieure de l'Iran, d'où son soutien aux minorités chiites de la région.

Le dilemme azéri

Ancienne province de l'Empire perse, l'Azerbaïdjan passe sous le giron russe puis soviétique en 1828 avant de proclamer son indépendance en 1991. L'origine du chiisme azéri remonte au XVIe siècle, moment où les populations nomades d'origine turkmène, elles-mêmes converties au chiisme, ont envahi la région. Une filiation religieuse s'opère dès lors entre Azéris et Persans.

Toutefois, l'Azerbaïdjan ne peut se défaire totalement de son héritage turc, les liens linguistiques et culturels demeurant importants. La Turquie tente d'ailleurs de faire jouer cet héritage pour se poser en leader de l'ensemble du monde turc. Elle met en avant une solidarité ethnico-nationale qui, si elle rencontre un certain écho dans les milieux laïcs, ne suffit pas à mobiliser la majorité chiite.

Cependant, son appartenance à la secte chiite duodécimaine ne fait pas de l'Azerbaïdjan un vassal de l'Iran. Il ne faut pas oublier que l'occupation soviétique a profondément laïcisé la société azérie ; le chiisme (75 % de la population) est actuellement en phase de réveil mais demeure loin de guider les choix de société. En outre, stimuler sans retenue le chiisme azéri pourrait amener les vingt millions d'Azéris présents sur le territoire iranien, galvanisés par une référence religieuse commune, à revendiquer leur rattachement à l'Azerbaïdjan.

Selon François Thual, géopolitologue français, « l'Azerbaïdjan continuera à jouer un jeu subtil de bascule entre Turquie et Iran, s'appuyant tantôt sur la parenté ethnique et linguistique, tantôt sur la parenté religieuse et identitaire ».

On se doit d'évoquer également la place des États-Unis dans la région ; dès la chute de l'URSS, les Américains ont investi le territoire azéri en finançant la transition à l'économie de marché. En contrepartie, les dirigeants azéris leur ont offert leur soutien politique ainsi que des avantages économiques, dans le domaine pétrolier notamment. Ce dernier aspect affaiblit encore un peu plus la capacité d'influence de l'Iran sur l'Azerbaïdjan.

Les Hazaras d'Afghanistan

Conquise au XVIIe siècle par l'Empire perse, la région du Hazaradjat (« pays des Hazaras ») est rapidement convertie au chiisme duodécimain. Un siècle plus tard, les tribus pachtounes soumettent les Hazaras et les intègrent dans un nouvel État : l'Afghanistan. Les Pachtounes font de leur pays le garant de l'orthodoxie sunnite face aux sectes dissidentes considérées comme hérétiques. Commence dès lors la répression des Hazaras, privés de leurs terres comme de leurs droits politiques et sociaux. Cette communauté chiite possède donc dès l'origine de l'Afghanistan un statut d'exclue.

La venue au pouvoir d'Aminulah en 1919 représente un espoir d'émancipation pour les Hazaras, qui croient en sa volonté d'intégration des minorités. Ils émigrent donc vers les villes mais forment rapidement un sous-prolétariat au service de la majorité pachtoune. Cette situation de domination renforce les liens de la communauté hazara et contribue à l'émergence d'un clergé chiite soutenu par l'Iran. L'invasion soviétique de 1979 leur fournit l'occasion de refuser la domination pachtoune : la convergence entre la lutte armée contre l'occupant russe et le réveil religieux fait émerger chez eux une nouvelle conscience politique. Téhéran seconde cette mutation en favorisant la création d'un parti pro-iranien, le Nasr. Au sortir de la guerre en 1989, les Hazaras représentent une entité politique à part entière. Ils s'allient dès lors aux Tadjiks et aux Ouzbeks dans la lutte contre l'hégémonie pachtoune. L'Iran profite de ce réveil hazara pour accentuer sa présence en Afghanistan ; il soutient et finance des partis chiites tandis que, parallèlement, l'Arabie Séoudite apporte son aide aux partis pachtounes sunnites.

L'arrivée des talibans au pouvoir en 1994, sous la bénédiction des États-Unis via le Pakistan, change totalement la donne. Ces pachtounes sunnites revendiquent un islam rigoriste et combattent l'existence de sectes dissidentes. Les chiites sont dès lors violemment réprimés, et retrouvent un statut de parias dans la société. Cette évolution renforce le lien entre Hazaras et Iraniens, face à une alliance entre les talibans et le Pakistan.

Les Hazaras représentent 16 % de la population afghane et constituent l'un des alliés les plus fidèles de l'Iran dans la région.

Les Alévis de Turquie

Les chiites alévis représentent un quart de la population turque, proportion étonnante dans un pays longtemps bastion du sunnisme. Cette population se situe principalement dans le Sud-Est de l'Anatolie ; leur conversion au chiisme duodécimain remonte aux passages des tribus nomades au XVIIe siècle.

Le chiisme pratiqué par les Alévis diffère de celui adopté en Iran sur plusieurs points : en premier lieu, ils ne disposent pas d'un clergé organisé et structuré comme on peut en trouver en Iran ; en second lieu, leur théologie, développée de façon autonome, incorpore des thèmes étrangers à l'islam d'Arabie. Cette originalité a justifié de nombreuses persécutions opérées par le pouvoir ottoman. Leur situation d'exclusion explique le ralliement massif des Alévis en 1923 à la République laïque d'Atatürk, seule garante de leur sécurité. Ils commencent dès lors à émigrer vers l'intérieur du pays et s'intègrent dans les partis politiques de gauche et les syndicats.

La montée du fondamentalisme sunnite en Turquie est perçue comme une menace par la communauté alévie. La seconde moitié des années 1990 a vu se développer des émeutes anti-alévis dans les grandes villes d'Anatolie. Ce conflit a des résonances jusqu'en Allemagne où la communauté alévi (600 000 âmes sur 19 000 000 musulmans) a subi des pogroms.

Les chiites du sous-continent indien

Le commerce et la conquête menée par les populations turcophones venues du nord ont été les deux vecteurs de l'islamisation de l'Inde. Dès le XVIIIe siècle, l'influence persane provoque une vague de conversions au chiisme.

On relève une présence de chiites duodécimains au nord de l'Inde, tandis qu'on trouve des ismaéliens, divisés en plusieurs communautés, sur les côtes occidentales de l'Inde ainsi qu'au sud du Pakistan. Ceux qu'on appelle les ismaéliens nizârites, descendants du fameux mouvement des « assassins », reconnaissent l'autorité de la dynastie des Aga Khan, très puissante financièrement.

Les chiites d'Inde sont minoritaires à la fois vis-à-vis de la masse hindoue et vis-à-vis des autres musulmans : ils ne représentent en effet que 10 % de la population musulmane de l'Empire des Indes. Si l'indépendance impose en 1947 un statut égal pour chacune des confessions, la situation est loin d'être pacifiée ; les 25 millions de chiites indiens sont rejetés au même titre que les sunnites par les hindous, et parfois persécutés par des sunnites intégristes.

Au Pakistan, les 30 millions de chiites font également l'objet de répressions, ce qui les a amenés à se radicaliser. Les dirigeants ne cachent pas leur inquiétude face à l'émergence de groupes chiites extrémistes dans la région de Karachi. Ils craignent en effet une instrumentalisation de ces milices par l'Iran, trop heureux de déstabiliser cet allié des États-Unis.

Le chiisme arabe

Le chiisme irakien

Né en Irak, le chiisme duodécimain est pratiqué par près de 60 % de la population de ce pays. Pourtant, cette secte a toujours été en situation de minorité politique ; comment expliquer ce paradoxe ?

Après la Première Guerre mondiale, le démantèlement de l'Empire ottoman donne lieu à la création de l'Irak par les Anglais. Ces derniers unifient pour cela les villes de Bagdad, Bassora et Mossoul, et placent à la tête de ce nouvel État la dynastie hachémite. L'Irak permet non seulement à l'Angleterre de compléter la route terrestre vers les Indes mais également de contrer la montée en puissance de l'Arabie Séoudite dans la région.

Le nouvel Irak présentait alors une grande diversité ethnico-culturelle : y étaient réunies les populations chiites du vilayet (division administrative) de Bassora, les sunnites de Bagdad et les Kurdes de Mossoul (les régions kurdes devaient à l'origine être sous mandat français, mais Clemenceau, ignorant leur richesse en pétrole, les avait cédées à Lloyd George). Dès la création de l'État irakien, les masses chiites du Sud, moitié nomades, moitié paysannes, se trouvèrent sous l'autorité des sunnites, comme elles l'avaient été pendant des siècles sous l'Empire ottoman. En 1920, les chiites se révoltèrent contre cette domination de la dynastie sunnite ; les Anglais, alliés des Hachémites sunnites, réprimèrent ce soulèvement dans le sang. Même après l'indépendance accordée en 1930, les Anglais conservèrent de bonnes relations avec les Hachémites, et donc une capacité d'influence sur le pays.

Pendant la guerre froide, l'Irak n'échappe pas au jeu des grandes puissances et devient un élément du dispositif d'encerclement de l'URSS. En 1958, une révolution nassérienne porte au pouvoir le parti Baas, dont les valeurs fondamentales sont la laïcité et la modernité. Malgré cet attachement proclamé à la laïcité, le pouvoir est toujours entre les mains des sunnites et s'exerce sans partage. La misère pousse les masses chiites à émigrer vers les villes pour trouver du travail. Certains s'intègrent aux partis de gauche pour tenter d'améliorer le sort de leur communauté, au grand dam des religieux pour qui l'athéisme soviétique est tout aussi haïssable que la laïcité baasiste. À la fin des années 1950, d'autres milieux chiites tentent de sortir de l'exclusion en créant un parti politique, le Dawa al-Islamiya, dirigé à la fois contre le communisme et contre le laïcisme : il symbolise l'éveil de la conscience politique des chiites d'Irak. Dès cette époque, l'Iran voit dans cette communauté chiite un moyen d'affaiblir l'arabisme de Bagdad, perçu comme une menace. L'Arabie Séoudite voit d'un mauvais œil le rapprochement du régime des shahs avec les chiites irakiens, craignant de perdre de leur influence sur le golfe Persique.

Sous le parti Baas comme sous Saddam Hussein, la politique menée à l'encontre des chiites répond à la volonté de créer une nation irakienne. Les dirigeants ont vu dans les ressources, la population et la position géographique autant d'atouts nécessaires à la création d'une puissance régionale. Leur but était donc de créer un État-nation arabe, laïc et moderne, qui dépasserait les particularismes religieux et ethniques. Cette ambition s'est traduite par la répression du nationalisme kurde et du confessionnalisme chiite. Dans les années 1970, Saddam Hussein expérimenta d'autres méthodes pour intégrer les chiites : il mena par exemple une politique d'industrialisation de la région de Bassora, ou encore se posa en protecteur des autorités religieuses. Le succès de la révolution islamique en Iran changea la donne : la victoire du chiisme dans le pays voisin représentait un risque de déstabilisation en Irak. La hantise de voir les ayatollahs mobiliser les masses chiites du Sud fut d'ailleurs l'un des éléments qui poussa Saddam Hussein à entrer en guerre en 1980. Chacun des belligérants a bien tenté d'instrumentaliser les populations ennemies mais, fait intéressant, aucun n'y est parvenu. Ainsi, les chiites du Sud de l'Irak ont fait passer leur arabité avant leur religion tandis que, pour les Arabes iraniens, leur appartenance à la nation iranienne pesait plus lourd que leur origine ethnique. Toutefois, il ne faut pas sous-estimer la capacité d'influence de l'Iran sur la communauté chiite irakienne. Il existe bien une filiation religieuse indéniable et c'est d'ailleurs pour cette raison que la coalition, en 1991, décida de ne pas renverser Saddam Hussein, craignant l'émergence d'une république chiite au sud du pays.

Depuis la chute du régime baasiste en 2003, l'Iran a largement infiltré le territoire irakien et dispose de relais sur place ; mais là encore, il faut éviter toute caricature : tous les chiites d'Irak ne sont pas pro-iraniens, et certains revendiquent la lutte contre toute forme de tutelle exercée par leur voisin.

Les chiites du golfe Persique

Les chiites représentent 70 % de la population du golfe et se trouvent une fois de plus en situation d'exclusion sociale dans leurs pays respectifs. Si l'on étudie le cas de la façade orientale de l'Arabie Séoudite, la présence du chiisme date du califat bouyide au Xe siècle. Les wahhabites annexèrent cette zone au début du XXe siècle pour l'intégrer à la future Arabie Séoudite : cette région, la plus riche en pétrole du royaume, représente actuellement 10 % de la population séoudienne. La cohabitation entre les deux communautés est loin d'être facile : les wahhabites sont les gardiens des lieux saints de l'islam et se veulent les garants du sunnisme rigoriste ; ils acceptent donc mal la présence d'« hérétiques » sur leur territoire. Comme en Irak, le royaume a oscillé entre répression et tentative d'intégration de cette communauté. En outre, la venue de pèlerins chiites, et notamment iraniens, sur leur territoire est une source d'inquiétude pour les dirigeants séoudiens ; c'est pourquoi ils ont détruit les derniers vestiges du chiisme sur leur sol (en l'occurrence, les tombeaux de certains imams). L'aspect religieux dans l'affrontement entre l'Arabie Séoudite et l'Iran au Moyen-Orient n'est pas négligeable, particulièrement depuis 1979.

En ce qui concerne le Koweït et le Qatar, les chiites représentent respectivement 25 % et 20 % de la population et se trouvent dans le même type de situation d'exclusion qu'en Arabie Séoudite, même si la répression y est moins violente. Le Bahreïn connaît, lui, une situation plus atypique : une minorité sunnite dirige cet État composé de 75 % de chiites. Ce pays est depuis longtemps revendiqué par l'Iran pour des raisons de filiation historique (théorie non reconnue des historiens) : il le considère encore aujourd'hui comme une province appelée à se rattacher à la République islamique. Au plan intérieur, ce pays, qui connaît déjà une forte agitation sociale, présente un véritable risque d'explosion si l'exclusion politique des chiites perdure. Là encore, il serait faux de croire les chiites du golfe instrumentalisés par l'Iran, mais la situation d'exclusion qu'ils subissent les rend plus réceptifs au soutien de leur voisin.

Le chiisme zaydite du Yémen

Le chiisme présent au Yémen est de confession zaydite et reconnaît, à ce titre, l'autorité du cinquième imam. Cette branche a servi de base à la construction de l'État yéménite au Xe siècle ; seule l'expansion de l'Empire ottoman et de l'Angleterre ont poussé les zaydites à abandonner le pouvoir au XIXe siècle. Dès leur retour sur le devant de la scène après la Première Guerre mondiale, les chiites yéménites entrent en rivalité avec leurs voisins wahhabites : le conflit se cristallise sur la région du Asir que le Yémen est contraint de céder.

Lorsque les Anglais créent la Fédération de l'Arabie du Sud en 1962, futur Yémen-du-Sud, une révolution républicaine éclate à Sanaa et renverse le pouvoir zaydite. L'affrontement dépasse bientôt les frontières du Yémen : on voit intervenir l'Égypte aux côtés des républicains et, de manière plus inattendue, l'Arabie Séoudite derrière les conservateurs chiites. En 1967, la Fédération de l'Arabie du Sud accède à l'indépendance sous le nom de Yémen-du-Sud. Tout au long des années 1970, les deux pays se prononcent en faveur de la réunification : le régime communiste au Sud, et les républicains au Nord. Les chiites, réfugiés dans les montagnes depuis la prise de pouvoir par les républicains en 1962, n'ont aucunement intérêt à voir se créer un grand Yémen qui verrait leur poids démographique se réduire et leur espoir de retour au pouvoir s'éloigner. Mais malgré le soutien de l'Arabie Séoudite, les tribus chiites ne peuvent empêcher la réunification en 1990. Depuis lors, elles constituent un contre-pouvoir face aux modernistes de Sanaa.

Les Alaouites de Syrie

La Syrie est une véritable mosaïque ethnique et religieuse : s'y côtoient sunnites (83 %), Alaouites (13 %), Druzes (3 %) et ismaéliens (1 %), pour ne parler que des musulmans (86 % de la population). La confession alaouite résulte d'une division au sein du chiisme au IXe siècle : ils reconnaissent la légitimité du onzième imam, et divergent de la confession duodécimaine sur quelques points dogmatiques également. Les spécialistes peinent à les classer dans un courant chiite, certains les considérant comme ismaéliens, tandis que d'autres les estiment plus proches du chiisme duodécimain.

Dès le début marginalisée par les sunnites, cette minorité se réfugie dans la région du djebel, au nord-ouest du pays. Il faut attendre l'arrivée des Français après la Première Guerre mondiale pour voir leur situation évoluer vers une existence politique. La puissance mandataire accorde en effet l'autonomie aux Alaouites, au point de leur créer un État. Parallèlement, les Alaouites intègrent massivement l'armée syrienne formée par les Français dans l'entre-deux-guerres.

Lors des négociations sur l'indépendance de la Syrie, la France change totalement de stratégie et se prononce pour la création d'une Syrie unitaire dans laquelle s'intégreraient les entités alaouites et druzes qu'elle avait elle-même créées. Les Alaouites, continuellement en conflit avec la majorité sunnite, sont bien évidemment opposés à cette réunification qui signifierait le retour au ban de la société. Ils voient dès lors dans la laïcité et le nationalisme du parti Baas un moyen d'échapper à l'exclusion. Lorsque la Syrie accède à l'indépendance en 1945, les Alaouites investissent le Baas et, à l'aide de l'armée, également acquise à leur cause, prennent le pouvoir en Syrie à la fin des années 1960. Ce triomphe de la minorité alaouite est incarné par le général Hafez al-Assad. Ce dernier, à l'inverse de l'Iran, n'a pas mené une politique de conversion au chiisme, mais s'est contenté d'assurer l'emprise des Alaouites sur l'État syrien. Les sunnites, de façon inattendue, se sont trouvés en position de minorité politique dans un pays où ils sont démographiquement majoritaires.

En matière de politique étrangère, deux constantes se dégagent : le régime d'al-Assad n'accepte pas l'indépendance du Liban et tente dès l'origine de le ramener dans son giron ; il est amené pour cela à s'appuyer sur la minorité chiite contre les maronites, garants de l'indépendance libanaise. Parallèlement, la Syrie s'est longtemps opposée à l'émergence d'une puissance irakienne, ce qui l'a amenée à se rapprocher de Téhéran. L'articulation de ces deux logiques peut faire penser à la construction d'un arc chiite entre les trois communautés. Cette thèse paraît excessive dans le sens où les Alaouites sont considérés par les ayatollahs iraniens comme des hérétiques ; parlons plutôt d'une solidarité chiite face à la domination sunnite dans la région.

Le druzisme

Née au XIe siècle d'une scission avec l'ismaélisme, la secte druze reconnaît l'autorité du sixième imam, Al-Hakim. La plupart de ses membres quittèrent l'Égypte après la chute du califat fatimide pour se réfugier dans les montagnes du Liban. Dès lors, la configuration du pays s'institue pour ne quasiment pas changer avant le XIXe siècle : les Druzes dominent les chiites et les maronites dans les montagnes tandis que les sunnites occupent les plaines et le littoral. L'émancipation économique des maronites au XIXe siècle menace ce système et mène donc les Druzes à réprimer violemment les populations maronites. Les grandes puissances prennent alors position : la France derrière les chrétiens maronites, l'Angleterre derrière les Druzes. Ce conflit a pour conséquence l'émigration des maronites vers les plaines, vers Beyrouth, et parfois vers l'étranger.

Après la Première Guerre mondiale, les Druzes supportent très mal la présence française et se soulèvent en 1925 dans l'actuelle Syrie. La puissance colonisatrice déploie un important dispositif militaire et parvient à mater l'insurrection.

Conformément au découpage territorial opéré par la France dans l'entre-deux-guerres, la communauté druze se trouve partagée en deux ensembles : le premier est intégré au Liban tandis que le second se voit offrir la possibilité de construire un micro-État, bien vite dissous dans la Syrie.

À l'instar des Alaouites, mais dans une moindre mesure, la minorité druze présente en Syrie a vu dans la montée du mouvement Baas la possibilité de sortir de l'exclusion ; elle participe dès lors à la construction d'un front antisunnite et s'intègre dans l'armée. Toutefois, des points de discorde ne tardent pas à apparaître et mettent fin à cette coalition.

Au Liban, c'est l'antagonisme entre les Druzes et les maronites qui a longtemps structuré les relations entre confessions. Lorsque éclate la guerre civile en 1975, les Druzes, menés par Walid Joumblatt, cherchent avant tout à mettre fin au Pacte national qui avantage principalement les confessions majoritaires que sont les maronites et les sunnites. Leur but est de mettre en place un régime laïc leur garantissant une chance d'accéder à davantage de pouvoir politique.

Les chiites du Liban

Les chiites, présents au Liban dès l'origine de cette secte, sont localisés dans le sud du pays ainsi que dans le nord-est, à la frontière syrienne. Ils ont longtemps formé un prolétariat misérable sous tutelle sunnite, puis druze à partir du XIXe siècle. Il faut attendre le mandat français pour que la communauté chiite, bien qu'opposée à cette présence étrangère, sorte de l'exclusion. Au moment de l'indépendance, cette communauté est perçue comme une entité politique à part entière et se voit d'ailleurs attribuer, dans le cadre du Pacte national de 1943, la présidence de l'assemblée nationale. La forte croissance démographique que connaît la population chiite force une partie de ses membres à émigrer vers Beyrouth. Parallèlement, son poids s'intensifie dans l'échiquier politique : la communauté chiite revendique son appartenance à cette secte et en tire une identité propre. C'est à cette époque que le clergé chiite libanais intensifie ses liens avec l'Iran, soutien précieux face aux autres confessions. En 1975, les chiites rejoignent les Druzes et les Palestiniens dans un front antimaronite. Toutefois, les alliances ne cessent d'évoluer et les chiites sont amenés, au cours des quinze années de guerre civile (de 1975 à 1990), à affronter chacune des confessions présentes au Liban. De même, il serait faux de considérer la communauté chiite comme unie et solidaire : plusieurs courants se sont dissociés, en désaccord sur les relations à entretenir avec le régime syrien ou iranien. Alors que la Syrie soutenait le mouvement Amal, l'Iran appuyait le Hezbollah dans sa politique de harcèlement des Israéliens et des maronites. En outre, la place réservée à la religion dans le fait politique constitue la deuxième ligne de fracture du chiisme libanais : les laïcs, souvent séduits par les thèses socialistes, revendiquent le contrôle de la communauté contre le clergé, bien plus attaché aux dogmes fondamentaux de l'islam. Toutefois, tous partagent un désir d'existence politique au sein de la nation libanaise.

Chapitre 10

L’Empire ottoman

الحفيظ

Profitant du déclin de l'État seldjoukide au XIIIe siècle, la tribu des Osmanlis parvient, au fil de succès militaires, à s'imposer peu à peu dans les régions reculées de l'Anatolie. La conquête de la ville byzantine de Mocadène en 1299 symbolise, classiquement, la naissance de l'Empire ottoman.

Après un siècle de consolidation et de conquête orientale, la puissance des Osmanlis se manifeste au grand jour avec la prise de Constantinople, en 1453, qui met fin à l'Empire chrétien d'Orient. Commence dès lors l'âge d'or d'un empire appelé à dominer un vaste territoire s'étendant des frontières austro-hongroises aux bords du golfe Persique.

L'ÂGE D'OR

Bâti sur un héritage musulman, l'Empire ottoman n'en demeure pas moins ouvert aux tendances issues des territoires conquis. Il se montrera d'ailleurs bien plus tolérant avec les autres religions et ethnies que les Occidentaux ont bien voulu le décrire. Bon nombre de postes clés au sommet de l'État sont offerts à des chrétiens – l'élite militaire connue sous le nom de janissaires était exclusivement composée de chrétiens convertis.

Les sciences et l'art ottomans, qui rayonnent sur l'Europe au long des XVe et XVIe siècles, se sont enrichis de ce mélange culturel. Souvent craintives vis-à-vis de ce voisin menaçant, les puissances occidentales ne peuvent toutefois s'empêcher d'admirer son fonctionnement politique et institutionnel. Les Ottomans sont en effet parvenus à construire un État dont la stabilité et la puissance suscitent les jalousies. Le sultan dispose d'un pouvoir très large en tant que vicaire de Dieu sur terre ; chaque sujet de l'empire a l'intime conviction qu'obéir au sultan, c'est obéir à Dieu. Toutefois, l'extension territoriale oblige bientôt le sultan à déléguer son pouvoir à ses vizirs. Cette tendance aboutit à la mise en place d'institutions efficaces ayant largement contribué à la pérennité de l'empire. Les sultans ont su partager à temps leurs attributions : le Divan, équivalent du Conseil des ministres occidental, est chargé d'élaborer une politique gouvernementale. Son action est appuyée par trois grands services de l'État : l'institution du Savoir, composée des oulémas chargés d'interpréter et de faire appliquer la loi islamique (ils ont en charge l'éducation et la justice) ; l'institution du Palais, dont la mission consiste à administrer l'empire et à coordonner les affaires étrangères ; enfin, la Chancellerie, qui gère les finances de l'État comme celles du sultan.

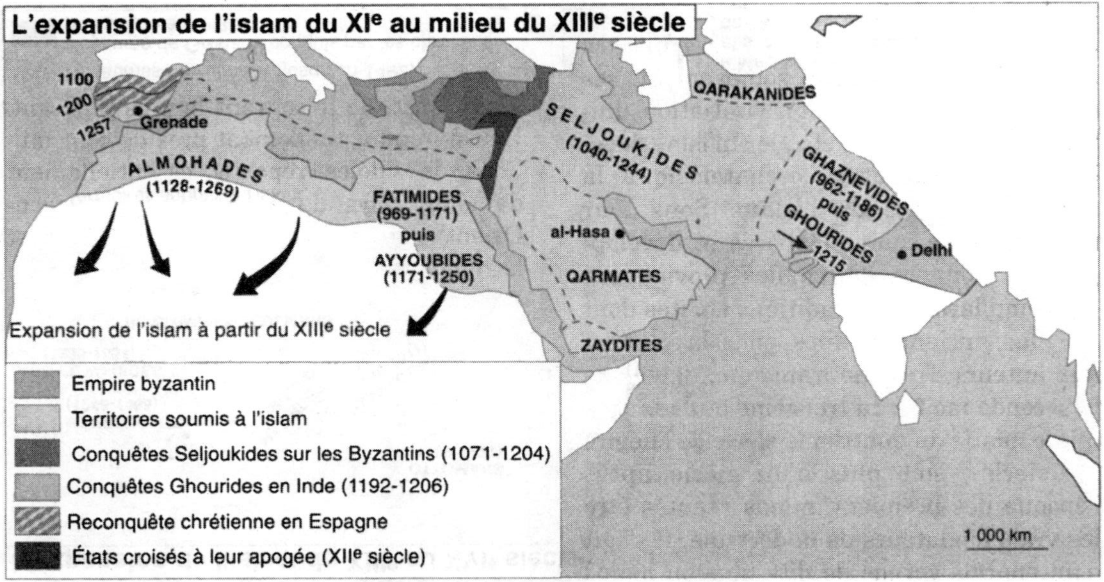
L'expansion de l'islam du XIe au milieu du XIIIe siècle
1100
1200
1257
Grenade
ALMOHADES
(1128-1269)
FATIMIDES
(969-1171)
puis
AYYOUBIDES
(1171-1250)
SELJOUKIDES
(1040-1244)
QARAKANIDES
GHAZNEVIDES
(962-1186)
puis
GHOURIDES
1215
Delhi
al-Hasa
QARMATES
ZAYDITES
Expansion de l'islam à partir du XIIIe siècle
Empire byzantin
Territoires soumis à l'islam
Conquêtes Seljoukides sur les Byzantins (1071-1204)
Conquêtes Ghourides en Inde (1192-1206)
Reconquête chrétienne en Espagne
États croisés à leur apogée (XIIe siècle)
1 000 km

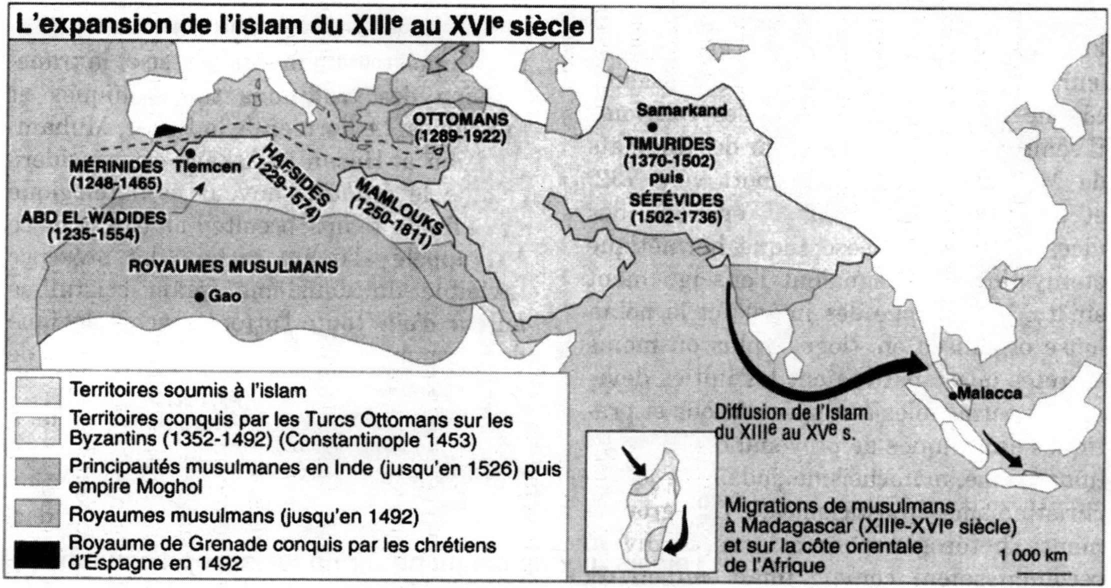
L'expansion de l'islam du XIIIe au XVIe siècle
MÉRINIDES (1248-1465)
Tlemcen
ABD EL WADIDES (1235-1554)
HAFSIDES (1229-1574)
MAMLOUKS (1250-1811)
OTTOMANS (1289-1922)
Samarkand
TIMURIDES (1370-1502) puis SÉFÉVIDES (1502-1736)
ROYAUMES MUSULMANS
Gao
Malacca
Diffusion de l'Islam du XIIIe au XVe s.
Migrations de musulmans à Madagascar (XIIIe-XVIe siècle) et sur la côte orientale de l'Afrique
1 000 km
Territoires soumis à l'islam
Territoires conquis par les Turcs Ottomans sur les Byzantins (1352-1492) (Constantinople 1453)
Principautés musulmanes en Inde (jusqu'en 1526) puis empire Moghol
Royaumes musulmans (jusqu'en 1492)
Royaume de Grenade conquis par les chrétiens d'Espagne en 1492

Fort de sa stabilité intérieure et de sa puissance militaire, l'Empire ottoman ne cesse de s'étendre. Son apogée territorial est atteint sous Soliman le Magnifique dont les armées parviennent jusqu'à Vienne en 1529. Conscientes du danger venu de l'Est, les puissances occidentales tentent dès lors d'améliorer leurs relations avec Soliman. Ce dernier signe les Capitulations avec François Ier en 1535 : ce document protège les Français présents dans l'Empire ottoman, leur permettant notamment de commercer, de voyager et de pratiquer librement leur religion. D'autres pays européens s'empressent de suivre la voie de la négociation et signent également des documents en faveur de leurs ressortissants. Le XVIe siècle voit donc l'Empire ottoman asseoir sa puissance diplomatique et commerciale.

L'ARCHITECTURE OTTOMANE : L'INFLUENCE DE SINAN

Sinan (1492-1588) demeure l'architecte le plus connu de l'ère ottomane. Intégré très tôt parmi les janissaires, il voit sa carrière basculer en 1538 lorsqu'il est nommé au poste d'architecte du sultan.

Sinan est l'héritier des grands bâtisseurs que furent les Turcs seldjoukides et les Byzantins – Sainte-Sophie est érigée en modèle absolu d'architecture religieuse. Il tente toutefois de dépasser ces modèles et met progressivement en place de nouvelles règles architecturales qui marqueront profondément les écoles postérieures. Il transforme peu à peu le volume cubique en volume hémisphérique taillé en facettes. Dans de nombreuses mosquées qu'il a construites, Sinan met en place un jeu de contre-coupoles de plus en plus sophistiquées lui permettant d'obtenir un espace intérieur très lumineux. Jouant sur les volumes à l'extérieur, il soigne le décor intérieur de céramiques et d'ornements floraux. L'école sinanienne marque l'apogée de l'architecture ottomane.

Exemple de chef-d'œuvre de Mimar Sinan : la mosquée Süleymaniye à Istanbul, considérée comme la plus belle réussite impériale par ses proportions harmonieuses, son dôme en cascade et ses quatre minarets effilés cerclés de dix balcons.

L'ART OTTOMAN

La diversité ethnique, religieuse et culturelle de l'Empire ottoman a considérablement influencé sa civilisation sans pour autant lui ôter son originalité.

Outre l'architecture précédemment évoquée, l'art ottoman s'est beaucoup illustré dans le décor intérieur : de nombreuses mosquées sont entièrement décorées de faïences vives, dans le style iranien ; des tapis finement brodés couvrent les sols et s'étendent aux murs. On se doit d'évoquer également les miniatures servant à l'illustration des livres qui, à partir du XVIe siècle, deviennent une pratique courante. Là encore, les Ottomans puisent dans leur héritage arabo-musulman mais se réservent un espace de création qui rend leurs réalisations uniques.

Souvent réduit à une tyrannie sanguinaire par les Occidentaux, l'Empire ottoman présente une grande richesse artistique qu'il serait regrettable de négliger.

L'interdit de l'image dans les religions monothéistes

Dans l'islam, l'interdiction de l'image n'est pas coranique, contrairement à son statut dans la religion juive où cette interdiction est biblique : « Tu ne te feras point d'image taillée, ni de représentation quelconque des choses qui sont en haut dans les cieux, qui sont en bas sur la terre, et qui sont dans les eaux plus bas que la terre » (Ex. 20, 4). Dans la religion chrétienne, l'image a été le thème de deux synodes (celui de Constantinople, en 753, qui interdit les images puis celui de 843 qui réhabilite l'adoration des icônes et met fin à l'iconoclasme). Ensuite – mais cela est une autre histoire –, le pape Benoît XIV dressa une liste des représentations approuvées pour chaque membre de la Trinité.

En islam, l'image est interdite :

– si elle représente Dieu ;

– si elle est celle d'un saint auquel un culte est voué ;

– si elle est le travail de création d'un artiste (seul Dieu est créateur) ;

– si elle glorifie une personne humaine ;

– si on lui voue un culte (comme aux icônes dans la religion orthodoxe).

Les statues sont, elles, interdites dans tous les cas.

VERS L'EFFONDREMENT

Malgré sa puissance apparente, la Sublime Porte semble s'essouffler au moment où les puissances occidentales se lancent dans leur processus de développement. En 1683, l'ultime échec du siège de Vienne consomme l'inversion du rapport de force. S'enchaînent dès lors les premières pertes territoriales : la Russie de Catherine II s'empare de la Crimée en 1782 tandis que la France prend pied en Égypte en 1798.

Vacillant sur ses frontières extérieures, l'empire doit en outre faire face à la montée des nationalismes. Les sultans parviennent un temps à maintenir une certaine cohésion, mais au prix d'une réduction conséquente du territoire. L'Empire ottoman est entré dans une phase de blocage institutionnel : son organisation n'a que très peu évolué en quelques siècles, et se trouve désormais en décalage avec les réalités de l'époque. L'élite ottomane a pris conscience de ce déclin en cours et lance dans les années 1830 un grand programme de réforme sur le modèle occidental. Les réformateurs ambitionnent d'améliorer l'ensemble du système d'éducation, d'assainir les corps de l'État en luttant contre la corruption ou encore de promouvoir l'égalité entre tous les sujets, quelle que soit leur religion. Cette ère des *Tanzimat* (« réorganisation ») aboutit certes à de grandes avancées, mais la réticence des classes privilégiées du régime face à ces changements ne permet pas d'enrayer la chute de l'empire.

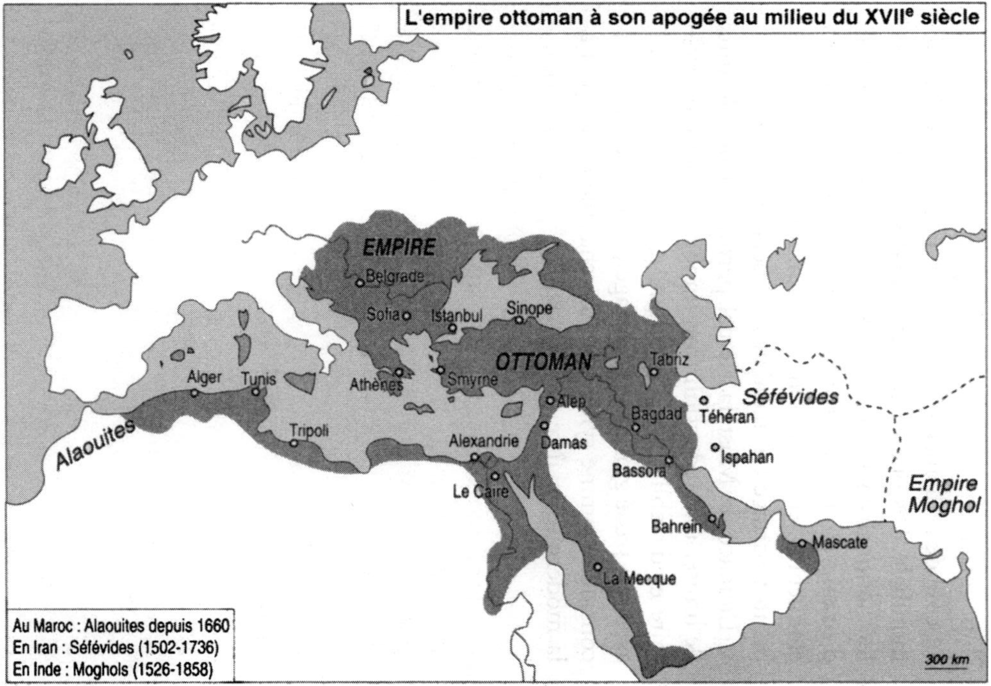
L'empire ottoman à son apogée au milieu du XVIIe siècle
EMPIRE
OTTOMAN
Belgrade
Sofia
Istanbul
Sinope
Athènes
Smyrne
Tabriz
Alger
Tunis
Tripoli
Alep
Bagdad
Téhéran
Séfévides
Damas
Alexandrie
Ispahan
Bassora
Le Caire
Alaouites
Empire
Moghol
Bahrein
Mascate
La Mecque
Au Maroc : Alaouites depuis 1660
En Iran : Séfévides (1502-1736)
En Inde : Moghols (1526-1858)
300 km

Rien ne semble pouvoir sauver le territoire ; c'est donc fortement affaibli que l'Empire ottoman se range au côté de l'Allemagne au cours de la Première Guerre mondiale. Les puissances occidentales attisent dès lors les nationalismes locaux – la mission de Lawrence d'Arabie auprès des tribus arabes en est un exemple éloquent – et précipitent l'effondrement de l'empire, bientôt partagé en mandats européens.

L'audace de Mustafa Kemal permet au peuple turc de limiter une réduction trop importante de son territoire et d'établir une république rompant totalement avec son passé glorieux. L'héritage ottoman est dès lors considéré comme synonyme d'archaïsme et de frein à la modernité, maître mot d'Atatürk.

CHAPITRE 11

L'islamisme

المُقيتُ

L'islamisme désigne l'intégrisme musulman. Des courants ultraconservateurs traversent l'histoire de l'islam, comme du reste la plupart des religions. Pour les musulmans tenants d'un islam rigoureux, la *oumma*, la communauté des croyants, qui était d'un seul tenant depuis les origines de l'islam, est dépecée avec l'effondrement de l'Empire ottoman.

Comment annoncer aux croyants qu'ils ne peuvent désormais plus aller du Soudan en Égypte par exemple, ou d'Arabie en Jordanie, sans demander la permission de traverser des frontières ? Cela perturbe ceux que l'on pouvait déjà appeler les rigoristes. Indéniablement, cela les pousse à faire de la religion un instrument à la fois politique et social.

Dans les pays de ce Levant réorganisé par les puissances protectrices ou mandataires, ils vont rejeter les valeurs occidentales et se référer désormais aux seules valeurs de l'islam. On verra surgir dans ces pays des confréries, des organisations ou plutôt des courants d'idées et d'opinions qui rejettent les nouvelles structures venues d'Occident.

LES CINQ GRANDS COURANTS D'UN ISLAM RIGORISTE

Les Frères musulmans

En 1928 apparaît le courant égyptien connu sous le nom de Confrérie des Frères musulmans. Sous l'égide de Hassan el-Banna, instituteur de Haute-Égypte, ils affirment qu'il n'y a pas de vérité hors de l'islam et qu'il faut mettre dehors tous les étrangers. Par étrangers, on entend généralement « Britanniques », car l'Égypte est alors sous protectorat anglais ; mais cela désigne aussi à cette époque la monarchie égyptienne, d'origine albano-macédonienne. La Confrérie des Frères musulmans constitue le courant le plus ancien et le plus représentatif de l'islamisme sunnite, elle en incarne en quelque sorte la maison mère.

Sa doctrine s'organise autour du dogme central du *tawhid* (l'unicité de Dieu), de la fusion absolue du religieux et du politique, noyau dur de l'idéologie islamiste.

L'histoire de la Confrérie éclaire la conception que les Frères se font de l'État islamique, un État théocratique dont l'inspiration emprunte de nombreux thèmes à la doctrine totalitaire et qui doit être instauré sur le monde.

Les cinq commandements des Frères musulmans et de tous les mouvements qu'ils inspirent sont à l'image des cinq piliers de l'islam : « Dieu est notre but ; le Prophète est notre modèle ; le Coran est notre loi ; le *jihad* est notre vie ; le martyre est notre vœu », lit-on dans un document daté de 1935. Dans les années 1930-1940, ces cinq principes guident les Frères dans une cohabitation prudente avec la monarchie égyptienne avant de hâter leur confrontation, notamment autour de la question palestinienne.

Sur le plan doctrinal, c'est Hassan el-Banna qui définit lui-même le programme des Frères : « Le pouvoir est remis à un calife ; la patrie est l'ensemble de *Dar al-Islam* ; le parlement et la liberté de la presse sont inutiles alors que les non-musulmans sont rejetés dans la dhimmitude. » En fait, les Frères affirment que, de la même manière que les successeurs du Prophète ont été cooptés par la communauté, celle-ci aujourd'hui coopte ses dirigeants, président ou Premier ministre, roi et autres monarques. Ils leur délèguent la *hakimia*, autrement dit la souveraineté divine. Ce concept est emprunté par les Frères musulmans à un réformateur indo-pakistanais (le Pakistan n'existait pas avant 1947), Al-Mawdoudi, qui a mis au point le nouveau dogme de la souveraineté de Dieu. Celui-ci s'impose désormais à tous les courants islamistes, qu'ils soient sunnites ou chiites. Et si les dirigeants cooptés cessent d'être de bons musulmans, les croyants ont le droit et le devoir de leur retirer la *hakimia*. Mais qui donc jugera du caractère de bons musulmans des dirigeants ? Qui donc décidera de le leur retirer ? Ce sont bien entendu les Frères eux-mêmes, et ce sont encore eux qui vont décréter le prix qu'il faut mettre pour le retrait de la *hakimia*.

Le Credo des Frères musulmans

1 – Je crois que toute chose revient à Dieu, que notre maître Muhammad, que la bénédiction de Dieu soit sur lui, est le dernier des prophètes envoyé à tous les hommes, que le Coran est le livre d'Allah, que l'islam est une loi générale de l'ordre du monde et de l'au-delà ; je m'engage à m'appliquer à moi-même une partie du noble Coran, à m'en tenir à la Sunna purifiante, et à étudier la vie du Prophète et de ses nobles disciples.

2 – Je crois que la rectitude, la vertu et la science font partie des fondements de l'islam ; je m'engage à être droit, à accomplir les rites, à m'éloigner des interdits, à être vertueux, à avoir de bonnes mœurs, à me détacher des mœurs mauvaises, à suivre les pratiques rituelles islamiques autant que faire se peut, à préférer l'amour et l'affection à la dispute et au procès, n'ayant recours à la justice que contraint, à tirer fierté des rites de l'islam et de sa langue et à répandre les sciences et les connaissances utiles dans les classes de la *oumma*.

3 – Je crois que le musulman doit agir et gagner de l'argent, que tout demandeur et toute personne qui en est privée a un droit sur l'argent qu'il gagne ; je m'engage à travailler pour gagner ma vie et à épargner pour l'avenir, à verser le *zakat*, à consacrer une partie de mon revenu à des œuvres de bienfaisance, à encourager tout projet économique utile, à préférer les produits de mon pays et de mes coreligionnaires, à ne pas me perdre dans les choses dépassant ma capacité.

4 – Je crois que le musulman est responsable de sa famille, qu'il est de son devoir d'en préserver la santé, les croyances et les mœurs ; je m'engage à faire tout mon possible dans ce sens, à insuffler les enseignements de l'islam aux membres de ma famille, à ne pas mettre mes fils dans n'importe quelle école qui n'enseignerait pas leur croyance et leur morale, à boycotter tous les journaux, publications, livres, organisations, groupes et clubs qui s'opposent aux enseignements de l'islam.

5 – Je crois que le musulman a pour devoir de faire revivre la gloire de l'islam, en promouvant la renaissance de ses peuples, en restaurant sa législation. Je crois que le drapeau de l'islam doit dominer l'humanité, et que le devoir de tout musulman consiste à éduquer le monde selon les règles de l'islam ; je m'engage à lutter tant que je vivrai pour réaliser cette mission et à lui sacrifier tout ce que je possède.

6 – Je crois que tous les musulmans ne forment qu'une seule nation unie par la foi islamique et que l'islam ordonne à ses fils de faire le bien à tous ; je m'engage à déployer mon effort pour renforcer le lien de fraternité entre tous les musulmans et pour abolir les différences et les divergences qui existent entre leurs communautés et leurs confréries.

7 – Je crois que le secret du retard des musulmans réside dans leurs éloignements de leur religion, que la base même de la réforme consistera à faire retour aux enseignements de l'islam et à ses jugements, que ceci est possible si les musulmans œuvrent dans ce sens et que la doctrine des Frères musulmans réalise cet objectif. Je m'engage à m'en tenir fermement à ses principes, à rester loyal envers quiconque travaille pour eux et à demeurer un soldat à leur service, voire à mourir pour eux.

Le courant tunisien

Les Frères musulmans vont beaucoup se développer et essaimer dans la région du Levant : dès 1936, ils sont présents à Jérusalem, à Damas, à Beyrouth. Ils traversent la Méditerranée vers le Maghreb, l'occident du monde arabe, où se développe alors un autre courant d'idées et d'opinions islamistes, qu'on a appelé le « courant tunisien ». En effet, les Frères s'installent dans le sud de la Tunisie d'où ils se répandent ensuite dans le sud de l'Algérie et le Maroc. Ce deuxième courant apporte un élément neuf aux dogmes en affirmant que « l'Occident a droit à son Islam » – il ne faut pas oublier que le Maghreb était alors sous protectorat français.

Les wahhabites

Le troisième courant, à la fois sunnite et arabe, est le courant wahhabite, autrement dit le courant séoudien. Mohammed Abdel Wahhab, en 1742, établit avec le roi Séoud Ier l'alliance classique du sabre et du goupillon : à l'un, la guerre, à l'autre, les armes. Cette doctrine sera appliquée avec la plus grande rigueur. Ce courant est dit « nouveau » car à partir des années 1960 il a connu une incarnation dans le quotidien des gens ; il est devenu une réalité concrète et pas seulement dogmatique. Découvrant, en effet, que certains musulmans prétendaient être meilleurs musulmans qu'eux-mêmes, les wahhabites, c'est-à-dire la famille des Séoudes, a décidé de réagir. D'autant qu'ils étaient accusés sur le plan islamique d'être des usurpateurs, puisque ce n'est qu'en 1924 que les Séoudes, dans leur saga de reconquête du territoire, ont chassé le chérif de La Mecque, descendant du Prophète, de la Ville sainte. Ils n'ont d'ailleurs pas osé prendre le titre de chérifs mais ont plutôt opté pour celui de gardiens des deux lieux saints, La Mecque et Médine.

Pour réagir contre ceux qui se disent meilleurs musulmans qu'eux, les wahhabites créent en 1962 la Ligue islamique mondiale. Dans tous les pays où se trouvent des musulmans, ils installent un BOLIM, un Bureau de l'organisation de la Ligue islamique mondiale. En 1965, ils mettent sur pied l'Organisation de la conférence islamique, l'OCI, une sorte de Nations unies des musulmans. Quelques années plus tard, ils donnent à ces deux organisations mondiales leur bras financier, la Banque islamique du développement, ou BID. Cet établissement, chargé de porter en principe des projets strictement nationaux, aidera également des projets associatifs dépendant de la Ligue. La Ligue islamique mondiale est alimentée par ce qu'on appelle les familles marchandes d'Arabie Séoudite qui sont, pour la plupart, des familles d'origine yéménite, qui ont accompagné le grand Ben Séoud dans sa reconquête du pays. On les reconnaît souvent à leur patronyme : les Ben Mahfouz, les Ben Laden… Ces familles à la fortune colossale entretiennent par le biais du *zakat* le financement de la Ligue. En 1975, le roi Fayçal, fils de Ben Séoud, est assassiné par l'un de ses neveux. L'un de ses fils, le très religieux Turki al-Fayçal, est à la tête du service des renseignements extérieurs. Grâce à sa ténacité et à ses liens avec ses homologues américains et pakistanais, il fait renverser le gouvernement pluraliste par l'armée du général Zia Ul Haq, qui installera la République islamique du Pakistan.

En 1979, Turki crée la Légion islamique mondiale. Destinée au départ à combattre le prosélytisme de la révolution iranienne, elle permet de mobiliser contre l'invasion de l'Afghanistan, voisin du Pakistan, par l'armée soviétique. Cette légion commence à regrouper les jeunes musulmans issus des madrasas, ces écoles coraniques financées et contrôlées par les wahhabites ; dès le début des années 1980, elle étendra son recrutement à tous les pays musulmans. Turki réalise que la guerre coûte cher et demande à son frère aîné de créer une banque islamique implantée non plus, comme l'étaient les précédentes, dans la région arabe, mais cette fois-ci dans un pays occidental « respecté » de l'*establishment* international. Dar al-Mal al-Islami (la « maison de l'argent islamique ») est créée en 1982. Des centaines de millions de dollars transitent par cette banque au nom du *zakat*, c'est-à-dire l'aumône obligatoire sur l'impôt sur le bénéfice, qui constitue un des piliers de l'islam, et qui aide plusieurs dizaines d'organisations caritatives. Quatre d'entre elles, établies à Peshawar à la frontière pakistano-afghane, sont dirigées par un homme qui se rendra célèbre le 11 septembre 2001 : Oussama Ben Laden. Initialement homme d'affaires, propriétaire de nombreuses sociétés, travaillant souvent au Soudan, Oussama Ben Laden ne connaissait, au départ, ni le Pakistan ni l'Afghanistan.

En 1982, il a servi de société écran aux Américains qui cherchaient à livrer aux résistants afghans des armes non conventionnelles. C'est à cette occasion qu'il a découvert cette région, et créé en 1987 son organisation, Al-Qaida.

On le voit bien, le wahhabisme, sur le plan dogmatique intellectuel, n'apporte rien de nouveau : il est avant tout un courant d'encadrement organisationnel.

Le courant ottomaniste

Le quatrième courant islamiste est également sunnite, mais non arabe. C'est le courant ottomaniste, turc pour l'essentiel, kurde en partie. Selon les tenants de ce courant, le salut de l'islam ne peut se faire que par le retour du califat. Ce califat, à leurs yeux, ne peut être qu'ottoman. En effet, disent-ils, pendant plus de quatre cents ans, la direction de la communauté était assurée par les Ottomans et les Arabes n'en étaient que les vassaux. Ce courant a largement inspiré plusieurs partis politiques en Turquie. Mais sa spécificité reste d'avoir été créée en diaspora, notamment en Allemagne. Sa force est également d'avoir mis sur pied un véritable système économique entre la « mère patrie » et les Turcs à l'étranger. Si un Turc à Strasbourg a besoin d'argent pour construire une maison, ouvrir un commerce, scolariser son enfant, il contracte un emprunt sur place, mais les remboursements se font par la famille en Turquie.

Le tabligh

Le cinquième courant est sans doute le plus important avec celui des Frères musulmans. C'est celui du Daawat al-Tabligh ou, dans une traduction française imprécise, « l'appel de la proclamation ». Ce courant se place sans aucun doute en dehors du schéma traditionnel de l'islamisme, tel que l'imaginaire occidental se le représente. C'est un courant piétiste, fondé en Inde en 1927 par le maître Muhammad Ilyas, un érudit musulman, docteur de la loi. Le sous-titre de ce courant est éloquent : « société pour la propagation de la foi ». Daawat al-Tabligh est aujourd'hui un courant universaliste, le seul avec les Frères musulmans qui soit présent dans une centaine de pays.

En 1927, le Pakistan n'existe pas encore, l'Inde est sous domination britannique, et les musulmans de ce pays sont largement minoritaires face à une population à très grande majorité hindoue. C'est dans ce contexte que naît le courant du Daawat al-Tabligh. Ce qui scandalise son fondateur, c'est l'ignorance de ses coreligionnaires en matière d'islam et l'aspect pompeux de tous les prêches prononcés par les imams. Pour Muhammad Ilyas, il faut revitaliser la foi, donc avant tout permettre aux fidèles de refaire connaissance avec l'islam, le débarrasser de tout folklore ou rajout populaire. Pour lui, il faut également que cet islam dépouillé soit accessible. À partir de ce postulat, des idées simples se dégagent du discours d'Ilyas : il faut, en tous lieux et toutes occasions, imiter le prophète Mahomet. Qui mieux que lui, qui a reçu et récité les paroles de Dieu, peut dire ce qu'il faut faire et comment le faire ? C'est donc le modèle à copier. Tout acte, même le plus anodin, doit rechercher ses racines dans la vie, le comportement et les propos du Prophète. D'où l'importance accordée par les tablighis au Hadith. À partir de cette conviction profonde, le maître a posé six principes de base qui doivent guider, orienter et encadrer la vie de tout musulman : la profession de foi, la prière, la connaissance de Dieu, l'intention sincère, le respect du musulman, et enfin le temps des gages.

Les six principes fondateurs du tabligh

Le premier principe consiste à témoigner de l'unicité de Dieu et à reconnaître Mahomet comme son messager. Ce qu'il en découle est la volonté d'imiter le Prophète jusque dans son aspect extérieur. Le musulman s'engage à accomplir toutes les obligations de la religion divine.

Le croyant s'abandonne à Dieu ; plus rien ne peut se passer dans sa vie et dans ce monde en dehors de la volonté divine. Il faut donc se faire écouter de Dieu, et pour cela prier. C'est le second principe du tabligh. Pour le tabligh et son fondateur, Muhammad Ilyas, il ne peut y avoir de prière individuelle : toute prière doit être communautaire, collective, parce que en dehors de la *oumma*, du groupe, il n'y a point de salut. Ilyas se réfère au Prophète qui aurait déclaré dans un des hadiths qu'« un *salat* (prière) accompli en *jama'at* (communauté) est vingt-sept fois meilleur qu'une prière accomplie individuellement ». Cette sacralisation du groupe est le fil conducteur de la pensée de Muhammad Ilyas.

Pour prier Dieu, il faut le connaître. Et on connaît Dieu en se remémorant à tout instant de la vie son nom, ses qualités et sa grandeur. C'est ce que le tablighi appelle le *zikr*, littéralement « souvenir » ou « mémoire ». Ce terme englobe pour le tablighi les incantations répétées du nom d'Allah et des versets coraniques qui permettent d'initier la formation intellectuelle et spirituelle de l'adepte. En connaissant Allah, on apprend à l'aimer. C'est dans l'amour de Dieu que la foi du musulman s'épanouit. Ce principe, qui peut apparaître contraignant mais est obligatoire pour le tablighi, permet l'islamisation de la vie quotidienne.

Afin de raffermir sa foi, et de mieux s'insérer dans la *oumma*, ce principe engage aussi les croyants à apprendre l'arabe pour lire le Coran et les textes sacrés. Ainsi, quel que soit leur niveau d'instruction et de culture, ils pourront accéder à la connaissance de Dieu. Le tabligh, né dans un milieu de pauvres ignorant tout de l'islam, permet aux croyants d'acquérir une formation religieuse solide, même si elle est totalement différente de celle des docteurs de la loi, les oulémas. C'est pour cela que le fondateur Ilyas insiste sur la pratique de la foi dans chacun des principes émis : « La lecture seule des livres ne suffit pas. Nous devons mettre en pratique ce que nous avons appris. »

Le quatrième principe du tabligh s'inscrit dans le même ordre d'idées : « l'intention sincère » est destinée à donner à la foi du croyant une authenticité qui va mettre en relief l'hypocrisie des pharisiens, et des clercs de l'islam. Dieu reconnaîtra les siens et rejettera tout acte, toute prière s'ils ne sont pas animés par une foi sincère.

Le cinquième principe, « honorer le musulman », a pour objet de renforcer la solidarité de la communauté et du groupe. Ce principe revêt une grande importance dans tous les pays, y compris en France où la majorité des musulmans de couche sociale modeste se sentent très souvent marginalisés par rapport à la société ambiante. Grâce aux principes du tabligh, le musulman a désormais l'impression qu'il appartient à une communauté dont tous les membres sont solidaires ; il se sent respecté, honoré en raison de la foi islamique qu'il partage avec le reste du groupe.

Enfin, le sixième principe du courant constitue une apothéose : « dégager du temps » pour porter la bonne parole. Traditionnellement, le musulman se rend dès son plus jeune âge à la madrasa, l'école coranique, pour y suivre des cours de formation religieuse. Plus tard, il va à la mosquée pour écouter les prônes de l'imam. Pour Ilyas, une telle démarche n'est pas satisfaisante. Le docteur de la loi, le maître, l'imam, ne doit pas attendre que les élèves viennent jusqu'à lui : celui qui sait est invité à aller au-devant de ses futurs élèves. Les tablighis obéissent à ce principe et vont en groupe partout dans le monde. Ils effectuent des *rahla* ou des *jawla*, des sorties collectives pour porter la bonne parole partout où ils le peuvent.

Ces courants d'idées islamistes existent en France et en Europe. Ils ont chacun leurs propres lieux de culte. S'ils restent très minoritaires dans le monde musulman, ils apparaissent très présents sur le Vieux Continent, car c'est là qu'ils peuvent s'exprimer et s'incarner totalement. C'est pourquoi beaucoup d'entre eux situent leurs centres de « perfectionnement de la foi » en Grande-Bretagne et à Genève, où sont appelés les « plus méritants » de leurs membres. Ils considèrent tous qu'il faut « aider l'Occident à connaître enfin la soumission à Dieu ».

Mais il ne faut pas perdre de vue que la très grande majorité des musulmans d'Europe ne se sentent aucunement concernés par cet islam rigoureux et sont parfaitement, sinon laïques, tout au moins séculiers. S'il fallait faire une estimation du nombre d'islamistes dans le monde, on arriverait à une large fourchette de 20 à 25 millions de personnes, pour 1 200 millions de musulmans dans le monde.

Les Frères musulmans en Europe

En août 1995, le guide suprême des Frères musulmans, Moustapha Machour, reconnaît pour la première fois dans l'histoire de la confrérie l'existence d'une organisation internationale : « Nous avons des branches à l'étranger, à Londres, en Allemagne et ailleurs en Europe. Chacun des militants des Frères ayant quitté l'Égypte a formé une branche dans les pays d'accueil et a des contacts avec l'organisation centrale. »

L'objectif premier des Frères musulmans est de prendre le contrôle des filières associatives qui se sont multipliées depuis la libéralisation des lois sur les associations en Europe. La rivalité est acharnée. Il leur faut contenir les Turcs nouvellement implantés en France et sur le Vieux Continent, lutter contre le prosélytisme du tabligh, et enfin se méfier de leurs « amis » les « séoudo-wahhabites », alliés objectifs des autorités américaines. Comme partout où ils sont présents, les Frères musulmans revendiquent l'application de la *charia*, la loi islamique, pour les minorités musulmanes.

Leur stratégie est de susciter et d'entretenir des conflits chaque fois que les musulmans – une association, une organisation ou un groupement de croyants – peuvent apparaître comme des victimes : « Pourquoi ne pas profiter des lois occidentales qui nous donnent les moyens de nos revendications ? »

En France, les Frères sont fortement relayés par l'Union des organisations islamiques de France, l'UOIF, l'une des plus grandes confédérations d'associations islamiques. Dans le même temps, l'UOIF ne cache pas son soutien à Ennahda (qui veut dire « renaissance »), le courant tunisien de l'émir Rached Ghannouchi, qui reconnaît la paternité et l'antériorité des Frères musulmans.

CHAPITRE 12

La violence religieuse

الحسيبُ

Le troisième millénaire s'est ouvert sur la violence religieuse des trois monothéismes : l'effervescence musulmane avec Ben Laden et l'Irak, celle des évangélistes américains et de leurs nouvelles croisades, celle des ultra-orthodoxes juifs dont on a constaté les résultats à Gaza. Tenons-nous-en ici à l'islam.

La violence religieuse commence par être verbale : en traitant l'autre de « mauvais croyant », on alimente la rumeur qui devient une arme redoutable et un moyen de terrorisme intellectuel. Les islamistes sont passés maîtres dans la pratique de la rumeur : durant l'enquête que j'ai menée pour mon livre *Les Réseaux d'Allah*, j'ai rencontré à Saint-Étienne un Algérien auquel on reprochait le fait que ses enfants, une fille et un garçon, respectivement âgés de vingt et un et vingt ans, ne fréquentaient plus la mosquée depuis trois semaines. Ayant répondu aux islamistes venus le voir à ce sujet qu'il n'avait plus les moyens de dicter la conduite de ses enfants dans ce domaine, il a été immédiatement désigné comme un « mauvais musulman ». Six mois plus tard, il a dû déménager : dans le quartier, il était devenu infréquentable. Tous les intégrismes ont recours à cette « arme fatale ».

LE BRAS ARMÉ D'IGNORANTS

La violence gravit d'autres échelons lorsqu'un groupe de religieux s'empare du divin et s'autoproclame le porte-parole de Dieu : censeurs de la foi, ils en deviennent également le bras armé. Ainsi les commandos anti-avortement qui, au nom de la religion, se ruent dans les maternités. Les islamistes ne connaissent pas de graduation, ils tuent au nom de Dieu toute personne qui à leurs yeux s'est écartée du droit chemin. Il suffit qu'un petit imam de quartier lance une *fatwa*, un édit religieux, pour que des jeunes excités en punissent la cible.

Deux remarques s'imposent : en islam, nul ne peut parler au nom de la religion, celle-ci étant la seule, parmi les monothéismes, qui ne reconnaît pas d'intermédiaire entre le croyant et son Créateur. Or depuis la disparition du califat, tout le monde se met à interpréter, de manière erronée la plupart du temps, alors que le Prophète a dit clairement : « Seuls ceux qui possèdent le savoir ont le droit de pratiquer l'*ijtihad*, c'est-à-dire l'effort d'interprétation. » Il ne suffit pas d'avoir une licence de géographie ou de philosophie pour être capable d'interprétation ; c'est pourtant ce qui se fait. En deuxième lieu, ces jeunes qui agissent en justiciers sont en général ignorants de l'islam et du dogme.

Face aux pouvoirs publics

La violence des islamistes, en alliant l'arme de la rumeur et le terrorisme, s'invite à la table d'élections censées être démocratiques. On l'a vu en Égypte, on l'a vu en Palestine, on l'a même vu en Arabie Séoudite… Ils se posent face aux pouvoirs publics comme étant non seulement les censeurs de la foi mais également l'exemple à suivre au sein de la société : ils s'imposent comme interlocuteurs des autorités. En outre, ils cherchent à s'imposer comme les guides de la société : guides moraux, guides dans l'enseignement, guides enfin dans la vie quotidienne. Il en résulte un islam encore plus englobant puisque au nom de l'islam, ils peuvent intervenir dans tous les domaines de la vie du croyant.

La grande force des prêcheurs islamistes est de capitaliser sur l'inculture et la méconnaissance par les jeunes musulmans des dogmes de l'islam. Cela leur réussit. Sous couvert d'intégrité, ils accusent tous leurs adversaires de corruption, sinon de corruptibilité : « Si vous n'êtes pas encore corrompus, vous allez le devenir parce que votre référence de vie n'est pas l'islam. »

Islamistes et jihadistes

Aujourd'hui, en Occident, on cherche de plus en plus à faire la différence entre les diverses dénominations que l'on retrouve dans les médias, parfois mal utilisées : islamistes, salafistes et jihadistes.

Le terme d'islamisme était usité jusqu'au XXe siècle comme étant tout simplement l'équivalent du christianisme ou du judaïsme. C'est au début des années 1980 que deux chercheurs d'Aix-en-Provence, Bruno Étienne et Gérard Bichaux, voulant élaborer pour l'islam un concept regroupant intégrisme et fondamentalisme, ont remis au goût du jour celui d'islamisme. L'intégriste s'attache à l'intégrité du texte, le fondamentaliste transpose cette intégrité textuelle à ses postures, ses attitudes ; les deux se retrouvent dans ce nouveau concept de l'islamiste, celui qui veut islamiser ou ré-islamiser le champ social, politique, administratif et économique dans lequel il vit. Il s'attache aux rouages du pouvoir, ce qu'on appelle communément l'« islamisation par le haut ».

Le salafiste, quant à lui, cherche à revenir à l'imitation du Prophète et de ses premiers compagnons, les pieux anciens ; le *salaf*, dans la langue arabe, veut dire littéralement le « pur », le « vrai », l'« originel ». Le salafiste n'a que faire des États ou des frontières, qu'il trouve contraires à ce qu'aurait dit le Prophète avant sa mort :

> « Je suis le sceau des prophètes.
> Je suis venu parfaire votre légion [*sous-entendu : les zoroastriens, les juifs et les chrétiens ont bien reçu le message mais l'ont détourné*].
> Il me plaît que l'islam soit votre religion. »

Par cette dernière phrase, le Prophète donne à l'islam un caractère universel. Ainsi, selon certaines écoles juridiques et théologiques, toute l'humanité a vocation à se soumettre à Dieu, ce qui est le sens du mot *islam*.

Les salafistes, ignorant toute frontière et tout État, ont pour but d'islamiser ou de ré-islamiser les sociétés ; mais contrairement aux islamistes, il s'agit d'une islamisation par le bas.

Islamistes et salafistes peuvent aujourd'hui se retrouver dans le camp des jihadistes, qui viennent souvent de la délinquance et du banditisme, et instrumentalisent l'islam pour parvenir à leurs fins. Souvent, ils se trouvent confrontés à un échec personnel, familial et professionnel.

Si les jihadistes et autres terroristes relèvent d'un traitement exclusivement sécuritaire, les islamistes interpellent l'éducateur social, le sociologue et bien entendu le politique. D'autant que lorsqu'ils s'installent physiquement dans un endroit, nul ne peut les trouver en contravention avec la loi. Cela ne veut pas dire qu'ils ont mis fin à leurs trafics (faux papiers, vente de drogues, recel et revente d'objets volés...) mais tout simplement qu'ils les ont déplacés. Leurs cibles sont en priorité les jeunes en déstructuration identitaire. Cette rupture d'identité est la conséquence de l'exil, de la démission des parents, eux-mêmes en situation de rupture, et surtout de leur marginalisation socio-économique dans une société française totalement différente de leur société d'origine. Ces jeunes font face à une double rupture : identitaire d'une part, et familiale de l'autre. Nés en Europe, ils ont une approche totalement différente de celle qu'ont pu avoir leurs parents dans les pays d'origine.

En ce qui concerne particulièrement les jihadistes ou les terroristes, ils sont pour la plupart issus de groupes dissidents d'un courant d'idées et d'opinions qui connaît un retour de gloire aujourd'hui : les Frères musulmans. Tous les mouvements qui ont choisi de franchir le cap de la violence se réfèrent à Sayyid Qotb, un des dirigeants des Frères musulmans, pendu en prison en 1965 par Nasser.

Chapitre 13

L'islam aujourd'hui dans le monde

الجليلُ

L'islam est aujourd'hui la religion monothéiste la plus dynamique. Ils sont près d'un milliard dans le monde à s'être « abandonnés, soumis à Dieu », sens littéral de l'islam, et à professer leur croyance : « Il n'y a de Dieu que Dieu et Mahomet est son envoyé. » Qui sont-ils ? Comment vivent-ils ? Peut-on parler d'une fièvre du monde musulman ou d'un réveil du monde islamique ? Y a-t-il réellement un monde musulman ?

L'islam s'étend de l'Arabie jusqu'aux confins de la Chine. Lire l'islam à travers les seuls mouvements islamistes, intégristes ou fondamentalistes serait réduire cette religion à un simple mouvement politique, ce qu'elle n'est pas : références culturelles en Europe, contre-pouvoir colonial en Afrique, en Asie ou au Moyen-Orient, assimilé aux autres religions dans l'ex-Empire soviétique… Les aires culturelles musulmanes dans le monde sont différentes selon le régime politique, l'environnement culturel ou social dans lesquels les musulmans se meuvent.

AFRIQUE

PAYS	POPULATION (ET % DE MUSULMANS)	APPLICATION DE LA *CHARIA*	ÉLÉMENTS D'INFORMATION
Comores	550 000 (99 %)	*Charia* + coutumes locales.	
Somalie	10,6 millions (99 %)	*Charia.*	Guerre civile.
Soudan	25 millions (80 %)	*Charia* pour les musulmans.	Régime militaire islamiste.
Mali	11 millions (94 %)	Non.	Intégristes soutenus financièrement par les pays pétroliers arabes.
Nigeria	124 millions (50 %)	*Charia* appliquée dans les régions musulmanes.	Châtiments corporels, condamnation à mort pour apostasie ; affrontements constants entre chrétiens et musulmans.
Tchad	6 millions (54 %)	Non.	

Afrique du Sud	35 millions (8 %)	Non.	Financement de centres islamiques par l'Arabie Séoudite.
Algérie	39,5 millions (93,5 %)	Le Code de la famille émane de la *charia.*	Plusieurs groupes armés islamistes bénéficient de l'amnistie.
Libye	6 millions (95 %)	Le statut personnel émane de la *charia.*	
Maroc	27 millions (99,5 %)	La *Moudawana*, Code du statut personnel islamique, est en train d'être réformée.	Le groupe « Justice et spiritualité », illégal, est toléré.
Mauritanie	2,5 millions (99 %)	*Charia.*	Intégristes soutenus par les pays arabes pétroliers.
Tunisie	9,3 millions (99 %)	Non.	

AMÉRIQUE

PAYS	POPULATION (ET % DE MUSULMANS)	APPLICATION DE LA *CHARIA*	ÉLÉMENTS D'INFORMATION
Canada	31 millions (7 %)	Non.	Suggestion d'appliquer la *charia* pour les musulmans de l'Ontario refusée par Toronto.
États-Unis d'Amérique	250 millions (3 %)	Non.	– *Black muslims* convertis à l'islam. – Immigrants d'Asie et d'Afrique du Nord réclamant la *charia* pour leur communauté.
Trinidad	1,3 million (11 %)	Non.	– Origine africaine et indienne. – 111 mosquées.
Argentine	32 millions (2 %)	Non.	Surtout d'origine syrienne (comme l'ancien président Carlos Menem, converti au catholicisme), libanaise et palestinienne.

Brésil	135 millions (1 %)	Non.	– Surtout d'origine libanaise, puis palestinienne. – 1re mosquée à São Paulo en 1960.
Surinam	450 000 (30 %)	Non.	Heurts ethniques, voire confessionnels entre Indiens musulmans et Créoles catholiques. La *Dawa islamiyya* libyenne y est bien implantée.

AUSTRALIE

PAYS	POPULATION (ET % DE MUSULMANS)	APPLICATION DE LA *CHARIA*	ÉLÉMENTS D'INFORMATION
Australie	17 millions (2 %)	Non.	
Nouvelle-Zélande	3,7 millions (1 %)	Non.	

ASIE

PAYS	POPULATION (ET % DE MUSULMANS)	APPLICATION DE LA *CHARIA*	ÉLÉMENTS D'INFORMATION
Afghanistan	29 millions (9 %)	Oui.	– De 1980 à 1992, des non-Afghans, surtout arabes, combattent les Soviétiques ; ils formeront en Algérie et en Europe les hommes de main du terrorisme. – Les talibans appartenaient au courant extrémiste Déobandi (venu d'Inde). – Les élections de septembre 2005 ont recyclé d'anciens talibans.
Bangladesh	125 millions (87 %)	Oui.	L'islam est religion d'État.
Kazakhstan	16 millions (58 %)	Non.	– Riche en pétrole et en gaz. – Pas de problème avec les Russes (42 %).

Kirghizistan	4 millions (60 %)	Non.	Difficultés économiques. Instabilité confessionnelle.
Ouzbékistan	22 millions (70 %)	Non.	Influence du Parti de la libération islamique (PLI) qui fomente des insurrections dans l'Est.
Tadjikistan	4,5 millions (80 %)	Non.	– Difficultés économiques. – Influence du PLI. – Luttes entre sunnites et ismaéliens.
Turkménistan	3,3 millions (80 %)	Non.	Régime dictatorial.
Inde	1 milliard (1 %)	Non.	– Le conflit du Cachemire a entraîné la formation de milices islamiques actives. – Les Déobandis, dont les cadres sont formés en Arabie Séoudite, gèrent des madrasas intégristes.

PAYS	POPULATION (ET % DE MUSULMANS)	APPLICATION DE LA *CHARIA*	ÉLÉMENTS D'INFORMATION
Iran	50 millions (90 %, chiites)	Oui.	– République islamique. – Soutient le Hezbollah au Liban et la Confrérie de la Sounna liée à Al-Qaida.
Pakistan	145 millions (90 %)	Oui.	– Luttes constantes entre chiites (15 %) et sunnites. – Jamaat-e-Islami, parti intégriste proche du pouvoir
Turquie	70 millions (96 %)	Non.	Le gouvernement islamiste actuel essaie de réduire la laïcité imposée par Atatürk, et défendue par l'armée.
Myanmar (Birmanie)	50 millions (10 %)	Non.	Persécution gouvernementale contre la communauté musulmane des Rohingya.

Chine	1,2 milliard (11 %)	Non.	– Les Hui (60 millions) sont des musulmans chinois. – Au Xinjiang, les Ouïgours, turcophones, sont en révolte contre le gouvernement.
Indonésie	210 millions (86 %)	Non.	– Affrontements interconfessionnels à Aceh et aux Moluques. – Association wahhabite anti-occidentale et *jihad* à Bali et à Java.
Malaisie	17 millions (53 %)	Oui, pour les Malais musulmans.	– Affrontements interethniques entre Malais et Chinois. – L'islam est religion officielle.
Philippines	70 millions (5 %)	Non.	Séparatistes et maquis musulmans à Mindanao soutenus par l'Arabie Séoudite, la Malaisie et le Pakistan.

PAYS	POPULATION (ET % DE MUSULMANS)	APPLICATION DE LA *CHARIA*	ÉLÉMENTS D'INFORMATION
Singapour	2,5 millions (17 %)	Non.	Réseau de la Jama Islamiyya indonésien, lié à Al-Qaida.
Thaïlande	55 millions (50 %)	Non.	– Le royaume musulman malais de Pattani, rattaché au Siam en 1909, est en insurrection contre Bangkok, ce qui entraîne des tensions avec la Malaisie. – Des résidus de groupes afghans et pro-al-Qaida y sont réfugiés. Hanbali, le « Ben Laden du Sud-Est », est arrêté le 16 août 2003.

PAYS ARABES

PAYS	POPULATION (ET % DE MUSULMANS)	APPLICATION DE LA CHARIA	ÉLÉMENTS D'INFORMATION
Arabie Séoudite	16 millions (95 %)	Oui : « Le Coran est notre Constitution. »	– Opposition des Oulémas au régime des princes. – La Choura est une Chambre de personnalités nommées mais sans pouvoir politique. – 15 % de chiites à l'est inquiètent Riyad. – Tout lieu de culte non musulman est interdit dans le royaume.

PAYS	POPULATION (ET % DE MUSULMANS)	APPLICATION DE LA *CHARIA*	ÉLÉMENTS D'INFORMATION
Égypte	55 millions (68 %)	Oui : « La source principale de la Constitution est la *charia.* »	– Emprisonnement des Frères musulmans. – Collaboration avec les salafistes, sous la pression de l'Arabie Séoudite.
Irak	20 millions (97 % dont 65 % de chiites)	La *charia* est source de la législation.	– Guerre confessionnelle entre sunnites et chiites. – Partition de fait du Kurdistan. – 20 000 jihadistes venus d'Europe.

Jordanie	4,5 millions (94 %)	Statut personnel dans l'esprit de la *charia.*	– Entrisme des Frères musulmans. – Attentats perpétrés par des « Afghans » jordaniens. – Affrontements entre Palestiniens et Jordaniens de souche (bédouins). – Crimes d'honneur contre les femmes et les jeunes filles.
Koweït	800 000 (85 %)	Oui.	– Les islamistes sont vainqueurs des élections législatives de juillet 2006 : aucune femme n'est élue. – Attentats anti-américains ou contre les princes par les « *Salafiyoun* ».

PAYS	POPULATION (ET % DE MUSULMANS)	APPLICATION DE LA *CHARIA*	ÉLÉMENTS D'INFORMATION
Liban	4 millions (60 %)	Non : chaque communauté a son statut personnel.	– Équilibre précaire entre minorités. – Chiites (1/3) et chrétiens (1/3) mais les chrétiens conservent la moitié des sièges de députés. – Attentats islamistes contre des chrétiens. – La milice chiite Hezbollah ne veut pas désarmer.
Palestine	2 millions (92 %)	Non : chaque communauté a son statut personnel.	Lutte de pouvoir entre deux groupes sunnites, l'ancienne OLP et le Hamas (exigeant la *charia*).
Israël	900 000 (13 %)	Non.	Arabes israéliens très majoritairement musulmans.

Syrie	17 millions (88 %)	Non : chaque communauté a son statut personnel.	– Communauté en opposition : sunnites (60 %) et alaouites (13 %). – Autres communautés : druzes, chiites, ismaéliens (5 %). – En cas de renversement du régime actuel, les Frères musulmans sont les mieux placés.
Yémen	13 millions (98 %)	Oui.	– Le pouvoir est disputé entre zaïdites chiites (50 %) et chaféites sunnites (50 %). – Plusieurs milices sont à demeure : Ansar al-Qaida (attentats anti-français et anti-américains), *jihad* yéménite.

Si le monde musulman semble plus divisé que jamais, l'unité de la *oumma* (la communauté des croyants) est réelle : lorsqu'un événement grave semble devoir menacer en un point quelconque de la planète la liberté de culte ou l'existence des musulmans, l'ensemble de la communauté au-delà des frontières réagit même si, parfois, c'est à la suite d'une manipulation politique comme on l'a vu, en 2006, après la publication des caricatures de Mahomet dans un journal danois.

Pourtant : « Je vous ai divisé en tribus et en factions afin que vous vous connaissiez les uns les autres » (Coran, XLIX, 13). C'est sans doute pour cela que les Arabes musulmans, même s'ils ne représentent plus aujourd'hui qu'un sixième de l'islam dans le monde, demeurent privilégiés : l'islam est né en Arabie comme son Prophète, et la langue arabe demeure la langue liturgique de la religion. Qu'il soit indonésien, chinois, européen ou africain, le musulman récitera ses prières en arabe, tourné vers La Mecque.

Une réalité en pleine mutation

Il reste néanmoins que l'islam non arabe devient de plus en plus important au sein de la *oumma*, acquérant une envergure nouvelle. Les pays les plus islamisés sont l'Indonésie (140,2 millions de musulmans), l'Inde (114 millions), le Pakistan (92,3 millions), le Bangladesh (83 millions), le Nigeria (65 millions) et l'Iran (60 millions). L'Égypte, avec plus de 60 millions de musulmans, arrive en tête des pays arabes. En France, comme en Espagne, en Allemagne ou en Grande-Bretagne, vivent plus de musulmans qu'en Libye ou que dans les pays de la péninsule Arabique, mis à part l'Arabie Séoudite.

L'islam en Asie

Forte de ses 700 millions de croyants, la communauté musulmane présente en Asie est la plus nombreuse au monde. La diversité ethnique et culturelle de l'islam asiatique est telle qu'elle ne permet pas de parler d'une communauté homogène. Mis à part la croyance dans le même Dieu, rien ne semble en effet rapprocher les Hui de Chine des Moro des Philippines ou des Rohingya du Myanmar ; pourtant, le désir de vivre leur religion en pleine liberté, voire d'accéder à l'autonomie pour certaines communautés, les rend plus proches qu'il n'y paraît. Bien souvent en position de minorité religieuse, ces communautés peinent à trouver leur place et luttent contre les tentatives d'assimilation opérées par les confessions dominantes.

Le cas de la communauté Hui en Chine, s'il n'est pas le plus emblématique de cette lutte, demeure intéressant. L'islam s'est implanté en Chine au XIIIe siècle et englobe aujourd'hui 9 millions de croyants. Les Hui n'ont pas subi de violentes persécutions et se trouvent même bien intégrés dans la société chinoise ; toutefois, leur désir d'autonomie culturelle et religieuse s'est longtemps heurté à la révolution culturelle menée par Mao. Cette communauté ne revendique aucunement l'indépendance de leur territoire, mais aspire à vivre l'islam en toute quiétude au sein de la société chinoise. On note d'ailleurs depuis une décennie une certaine renaissance de leur culte, qui, sans éclater au grand jour, bénéficie d'un espace de liberté plus conséquent.

Le cas des musulmans présents en Thaïlande, aux Philippines et au Myanmar est nettement plus préoccupant. Dans chacun de ces trois pays, les musulmans subissent dans le meilleur des cas une politique de marginalisation sociale, et dans le pire, des répressions sanglantes. Les 2,5 millions de musulmans malais de Thaïlande font l'objet d'une politique d'assimilation par les dirigeants thaïs, de confession bouddhiste. Il en résulte des affrontements interconfessionnels et un isolement des musulmans malais sur leur territoire. Dans la même logique, les Moro des Philippines tentent de faire vivre leur religion et leur culture dans un pays à 85 % chrétien. Dès la colonisation espagnole, cette communauté luttait pour son autonomie, subissant alors de violentes répressions. Dans les années 1990, les affrontements interconfessionnels ont poussé les différents acteurs à s'asseoir à la table des négociations : il en résulta un embryon d'autonomie pour les Moro dans la région du Mindanao. La situation des Rohingya au Myanmar est de loin la plus dramatique : depuis le XVIe siècle, cette minorité musulmane subit des répressions terribles, résultat de la grande politique d'assimilation à la culture birmane lancée par les dirigeants. Les Rohingya, attachés à leur héritage, résistent ardemment, aidés en cela par l'Arabie Séoudite, qui arme leurs milices. Les années 1990 se sont montrées particulièrement cruelles pour cette communauté dont 260 000 membres ont dû gagner le Bangladesh voisin pour fuir massacres et tortures.

L'Indonésie présente un tout autre profil que les pays précédemment présentés. En premier lieu, l'islam y est majoritaire, fort de 175 millions de croyants. En outre, il s'agit d'un islam pacifié vivant en bonne harmonie avec les autres confessions. Les musulmans d'Indonésie ont opéré un métissage entre leur religion et la culture javanaise, profondément libérale. Il en résulte une implantation très limitée de sectes rigoristes ; pour preuve, seule une minorité de la population musulmane souhaite se soumettre à la *charia*, la loi islamique.

Le principal risque qui guette l'islam d'Asie est son infiltration par des réseaux fondamentalistes venus du Moyen-Orient. En effet, la position d'exclusion que subissent certaines communautés musulmanes peut aboutir à l'implantation d'un islam radical plus combatif et ayant recours à des modes de revendication extrémistes. Si l'on prend l'exemple de la pacifique Indonésie, le retour des étudiants du Moyen-Orient a favorisé le développement de sectes auparavant peu répandues sur son territoire.

Depuis les années 1980, les pays musulmans sont en pleine mutation : invasion de l'Afghanistan par l'Armée rouge et Révolution islamique en Iran (1979) ; guerre Irak-Iran (1980-1988), qui fut une guerre à la fois ethnique entre Perses et Arabes, confessionnelle entre chiites et sunnites, et stratégique pour le contrôle du golfe Persique et du détroit d'Ormuz ; effondrement de l'Union soviétique, nouvel ordre mondial, « nouveau Moyen-Orient », nouvelle mondialisation ; attentats du 11 septembre 2001, invasion de l'Afghanistan et de l'Irak, avec éclatement de ce dernier, guerres israélo-palestiniennes, conflit libanosyrien, guerre entre Israël et le Hezbollah (2006), révolte iranienne (2009), révolutions arabes pompeusement qualifiées de « printemps », éclatement de la Libye, guerre en Syrie… C'est sans doute tout cela qui a favorisé la percée islamiste, salafiste et jihadiste, et donné à ces populations l'impression d'être, en tant que musulmans, des victimes désignées du nouvel ordre mondial.

CHAPITRE 14

Les guerres de l'islam

الكريمُ

Aux yeux des musulmans la planète se divise en trois parties : la maison de l'islam, *Dar al-Islam*, la maison de la trêve, *Dar al-Sulh*, et la maison de la guerre, *Dar al-Harb*.

La notion d'espace communautaire, qui a pour nom *Dar al-Islam* (la maison de l'islam), constitue la partie de la planète où les musulmans sont à la fois majoritaires et au pouvoir. Souvent d'ailleurs, l'islam est dans ces pays religion d'État ou encore religion du chef de l'État.

À l'opposé, *Dar al-Harb* (la maison de la guerre) désigne le ou les pays où le musulman est empêché d'exercer son culte et sa religion.

Enfin, là où les musulmans sont minoritaires mais exercent librement leur culte, ils ont historiquement l'habitude de composer avec le pouvoir en place, surtout lorsque les fondements de leur appartenance islamique ne sont point remis en cause : on est dans *Dar al-Sulh* (la maison de la trêve).

Parallèlement, l'islam connaît des guerres fratricides comme celle du Darfour qui revêt un caractère ethnique très marqué ; sans compter les luttes qui opposent souvent les régimes à leurs peuples. À la fin du XXe siècle enfin est apparu un phénomène nouveau, celui d'Al-Qaida, incarné par Oussama Ben Laden et Ayman al-Zawahiri.

Imposer son pouvoir

Dans les espaces où les minorités islamiques sont menacées, l'islam se bat pour sauvegarder son identité à la fois religieuse et culturelle. C'est ainsi le cas de la Chine où les musulmans regroupés au sein de l'ethnie ouïgour, dans la province du Xinjiang, revendiquent malgré le régime le droit de pratiquer leur culte. Accusés par Pékin d'être manipulés par les mouvements fondamentalistes, les musulmans chinois ont depuis les années 1990 organisé plusieurs manifestations pour que soit reconnue leur identité islamique.

Il en est de même en Birmanie et en Thaïlande où les minorités musulmanes affrontent l'offensive d'un bouddhisme dominant.

Des revendications nationalistes ou territoriales peuvent apparaître dans des conflits comme celui de l'Érythrée avec l'Éthiopie, ou l'île Moro aux Philippines par rapport à Manille ou encore l'Azerbaïdjan avec l'Arménie à propos de la région du Haut-Karabakh.

En plus de chercher à sauvegarder son identité religieuse et culturelle, l'islam est en guerre « contre les autres » quels qu'ils soient, même lorsqu'il faut pour cela tenter de conquérir de nouveaux espaces géographiques ou de justifier un pouvoir indépendant : ainsi à Chypre, où au-delà de l'hostilité séculaire gréco-turque, la minorité musulmane accepte mal d'être gouvernée par un « non-musulman ».

Les divergences culturelles et stratégiques de l'islam

L'islam est en guerre en de nombreux points du globe. Ces affrontements sont de natures diverses. Le devoir premier du musulman est d'étendre l'islam par la démographie et le prosélytisme. Ainsi, en Afrique, assiste-t-on à un dynamisme réel de l'islam qui déborde les pays musulmans traditionnels au-delà du Sahara, vers le continent noir. Il gagne du terrain dans des pays autrefois à dominante chrétienne, où existe une minorité islamique plus ou moins importante. Le musulman ne doit pas être gouverné par un autre musulman. Lorsqu'il n'en a pas la possibilité, il doit lutter pour sauvegarder son patrimoine, qui le fait appartenir à la *oumma*, et son nationalisme. La langue arabe demeure la langue du Coran ; elle est utilisée par tous les musulmans pour la prière et la *chahâda*, la profession de foi. Mais les Arabes ne représentent que 18 % des musulmans dans le monde et l'islam non arabe revendique sa place dans l'espace islamique, où il introduit la diversité des langues. Les cinq premiers pays musulmans par la démographie ne sont pas arabes : ce sont l'Indonésie, le Pakistan, le Bangladesh, l'Inde et le Nigeria.

Enfin, treize siècles après la naissance du Prophète et les premières dissidences, sunnites et chiites continuent à se battre en Afghanistan où la minorité chiite des Hazaras subit régulièrement les vexations des Pachtounes sunnites, au Pakistan et surtout depuis 2006 en Irak.

Et n'oublions pas les cas où l'islam cherche à imposer son pouvoir, et à réprimer les revendications nationalistes, religieuses ou culturelles que les musulmans revendiquent pour eux-mêmes ailleurs : il en va ainsi au Soudan vis-à-vis des chrétiens du Sud, en Égypte vis-à-vis des Coptes et dans tous les pays de la péninsule Arabique où tout autre culte que l'islam est interdit…

Le summum de la barbarie a sans doute été atteint en 2013 lorsqu'on a vu surgir en Syrie, au Nigeria et en Somalie des gens bien entraînés et qui se livrent depuis aux pires atrocités, décapitant à tour de bras, enlevant femmes et enfants (selon un rapport du *Minority Rights Group International and the Ceasefire Centre for Civilian Rights* paru en février 2015 et rapporté par l'agence Reuters, jusqu'à dix mille femmes auraient été enlevées par l'« État islamique »), réhabilitant la traite d'êtres humains, agissant comme des bêtes féroces que l'on croyait disparues, et rameutant dans leurs rangs tous les malades de la terre, frustrés sexuels qui se prennent pour des hommes dès qu'ils ont une arme à la main.

L'Occident réagit en organisant des frappes aériennes mais sans aucune vision politique. En quelques mois, l'organisation terroriste dite « État islamique » s'est adjugé un territoire aussi vaste que le Royaume-Uni. Nous assistons réellement à la troisième conquête musulmane, et si les deux premières avaient été menées par des « sachants », celle-ci l'est par des ignorants.

CHAPITRE 15

L'islam en France

الرقيبُ

Si l'islam était déjà présent en France à travers l'Empire colonial, ce n'est que dans les années 1960 qu'il s'est réellement incarné dans la population de l'Hexagone. Il est aujourd'hui la deuxième religion en France.

Au lendemain des accords d'Évian, en 1962, il a fallu durant les Trente Glorieuses avoir recours à une main-d'œuvre non onéreuse mais également non qualifiée. Les industriels sont allés puiser dans le vivier des anciennes possessions coloniales, notamment l'Algérie, la Tunisie et le Maroc. Si l'on en croit les chiffres du ministère de l'Intérieur, en 1965, il y avait en France 800 000 Algériens, 400 000 Marocains et 200 000 Tunisiens ; sans oublier les 500 000 harkis, ces supplétifs de l'armée française durant la guerre d'Algérie arrivés en France en 1962. C'est une population essentiellement ouvrière, non qualifiée, répétons-le, qui se voit proposer un contrat très clair : venir, travailler, toucher un salaire, et revenir au pays.

Certains secteurs industriels embauchent massivement cette population maghrébine : l'industrie automobile, la métallurgie et le bâtiment ; ils fixent ainsi des vagues d'immigrants dans la banlieue parisienne, dans les bassins miniers du Nord et de l'Est, ainsi que dans les grands centres urbains.

Les premiers venus

Non qualifiés, ces ouvriers ont été naturellement embauchés dans les bleds, les villages. Mais ils sont venus sans femme ni enfant, et envoient une partie de leur salaire au pays, avec lequel ils gardent un lien très fort. Même si l'histoire de l'immigration dans l'Hexagone a fortement évolué depuis les années 1960, les immigrés ont subi dans un premier temps, plus ou moins fortement, l'influence de leur pays d'origine. Les dirigeants marocains, algériens ou tunisiens n'allaient pas laisser partir une telle masse de population sans chercher à la contrôler ; d'autant qu'ils savaient parfaitement que leurs ressortissants reviendraient sans doute au pays, après avoir baigné dans une atmosphère de démocratie, de pluralisme, mais également de critique, d'ouverture d'esprit, etc. Ils rapporteraient au pays des idées séditieuses et, pour ces régimes, dangereuses. C'est pour cela que s'est mis en place, à travers des associations contrôlées par des consulats, tout un réseau de surveillance des diverses communautés.

Les Marocains, dont le sentiment religieux est intimement lié à la fonction du roi, commandeur des croyants et protecteur des principales confréries maraboutiques du pays, restent très attachés à leurs racines. Le pouvoir marocain n'a jamais cessé de s'intéresser à ses ressortissants établis en France, même au-delà de la première génération. À la fois pour empêcher les dérives d'un islamisme radical ou pour garder le lien avec cette population éloignée du pays, les dirigeants marocains ont toujours encadré ceux qui, parmi sa population, avaient choisi de rester en France et en Europe.

Les Algériens, quant à eux, étaient et sont toujours la plus importante et sans doute la mieux structurée des communautés grâce au formidable réseau de l'amicale des Algériens en France et en Europe, et bien entendu grâce aux services de leurs ambassades. La communauté algérienne a été vigoureusement prise en main en 1982, date de la nomination du chef Abbas à la tête de l'Institut musulman de Paris. La caractéristique principale des Algériens de France est sans aucun doute leur implication dans la vie politique de leur pays d'origine. On l'a vu en 1995 lors de l'élection présidentielle, lors du référendum sur la modification de la Constitution en 1996, et lors de la nouvelle élection présidentielle de renouvellement du mandat de M. Bouteflika, en 2000.

Les Tunisiens, enfin, sont les plus intégrés dans la mesure où le cordon ombilical a été assez rapidement coupé avec les dirigeants de leur pays. L'absence de débouchés, mais aussi la résistance extrême du système politique à renouveler ses cadres, ajoutées aux problèmes socio-économiques qui se posent à la Tunisie font que le retour au pays de ces jeunes est beaucoup plus difficile que pour les autres Maghrébins. En outre, la communauté tunisienne en France est assez vite marquée par sa diversité sociale : on y trouve des ouvriers, des commerçants, des comptables et aussi des avocats, des médecins… Au fil des ans, cette diversité a entraîné une répartition géographique moins homogène sur l'ensemble du territoire permettant, sans aucun doute, une intégration forte.

Quand arrivent familles et enfants

Le contrat passé entre cette première génération d'immigrés maghrébins débarquant en France et les industriels fonctionne parfaitement. Mais au début des années 1970, la République le rompt lorsque le Parlement vote le regroupement familial, mis en œuvre par l'administration française dès 1974. Cependant, l'administration n'est pas prête, loin de là, à accueillir des familles naturellement polygames au village, en fermant les yeux sur la deuxième épouse présentée comme une belle-sœur, la troisième comme une fille aînée, etc. : la famille et les enfants qui arrivent en 1974 dans l'Hexagone risquent de poser problème. Et pourtant ! L'intégration se fait, mieux encore, s'il est possible, que pour la première génération. Persuadés qu'on peut en travaillant faire sa vie en France, ces enfants qui ont eu l'habitude de voir leur père envoyer de l'argent au bled montent des petites entreprises de plomberie, de peinture, de rénovation, de maçonnerie, ou des chaînes de petites épiceries ouvertes tard le soir dans les grandes villes.

La rupture de la troisième génération

C'est avec la troisième génération de musulmans que la France commence à connaître de sérieux problèmes. En effet, la libéralisation du droit associatif, au début des années 1980, constitue la deuxième rupture dans l'évolution de l'islam en France. L'explosion du nombre d'associations ayant label algérien, tunisien, marocain ou encore islamique, musulman et autre présente un avantage certain : elle permet la coupure du cordon ombilical qui reliait encore cette population à leurs pays d'origine. Le revers de la médaille, c'est que ces associations vont devenir, d'une certaine manière, les cibles privilégiées de l'islamisme. Les enfants de la troisième génération, nés français, posent des problèmes dans la mesure où ils subissent une double déstructuration. En premier lieu, s'ils se sentent français en bas âge, ils voient dans le regard des autres, et cela dès la préadolescence, une véritable différence : ils sont perçus certes en tant que Français, mais également en tant qu'Algériens, Tunisiens ou Marocains et surtout en tant que musulmans. Ils sont perçus comme venus d'ailleurs. En prenant conscience de cette différence, ils réalisent aussi, tout jeunes qu'ils sont, qu'ils ignorent absolument tout de l'islam et de leurs pays d'origine. Cette déstructuration identitaire, qui s'étend sur plusieurs années, suscite une révolte, sinon une rébellion à l'égard de leurs parents, pour avoir interrompu la transmission de la mémoire et des racines.

Cette déstructuration en accompagne une seconde : celle du pouvoir patriarcal, dont on a souligné l'importance pour la famille durant tout le temps de l'enfance. Le vrai pouvoir devient celui du savoir. Ce sont les filles, c'est-à-dire les sœurs, qui le détiennent, elles qui réussissent à l'école, à l'université, qui traitent avec l'administration, celle de la Sécurité sociale ou de l'administration fiscale… Elles trouvent du travail tandis que leur père est sans emploi. Certains jeunes gens veulent récupérer une partie de ce pouvoir patriarcal par le pouvoir de l'argent. En voulant en gagner vite et beaucoup, ceux-ci plongent parfois dans la délinquance. Ils font de la prison, deviennent marginaux. Certains d'entre eux rencontrent des imams en prison et prennent leurs discours pour des paroles sacrées. À leur sortie, ils fréquentent la mosquée, où on leur assène diverses certitudes ; ils se sentent alors investis d'une mission divine qui leur permet, mieux que l'argent, de se réapproprier le « terrain perdu » au sein de la famille ; ils incarnent désormais le pouvoir religieux, cet élément fondamental de la cellule familiale.

Cette troisième génération est doublement sacrifiée, en raison de l'échec des espaces de creuset de la nation : la disparition du service national, qui tissait un minimum de liens entre les différentes couches sociales, ou le déficit de l'école publique, y ont une part de responsabilité.

À cette population maghrébine sont venues s'ajouter aujourd'hui d'autres populations ethniques, celles de l'Afrique subsaharienne et celles des Antilles, essentiellement d'origine indienne ou pakistanaise.

Une religion mal connue

D'où vient la peur de l'islam en France ? La réponse tient en peu de mots : l'ignorance ou la méconnaissance. Depuis 1974, tous les ministres de l'Intérieur successifs ont essayé d'organiser l'islam dans l'Hexagone. C'est pourtant la seule religion qui ignore la hiérarchie ecclésiastique. Les musulmans communiquent directement avec Allah. Il est d'ailleurs significatif que lors de la cérémonie de présentation des vœux à l'Élysée, au début du mois de janvier de chaque année, le cardinal archevêque de Paris, le grand rabbin de France et le président de la Fédération protestante soient invités ès qualités ; mais aucun dignitaire musulman, très certainement parce qu'il ne représenterait en aucun cas tous les musulmans, ne l'est. Nous l'avons vu, par ses caractéristiques mêmes, l'islam en France est une mosaïque éclatée en plusieurs composantes.

Parce que la France est un pays laïque, il est impossible de tenir des statistiques concernant l'appartenance à l'islam ou la pratique même de l'islam, comme de toute autre religion d'ailleurs. Néanmoins plusieurs sondages d'opinion permettent de montrer à quel point la situation de l'islam est comparable à celle du catholicisme : 84 % des Français se réclament du catholicisme ; 11 % vont à la messe une fois par mois, 7 % le font toutes les semaines chaque dimanche. Parmi ces derniers, on dénombre près de 11 % d'intégristes. Or, on retrouve exactement les mêmes proportions au sein de l'islam de France : 11 % pratiquent régulièrement leur culte avec des pointes au moment du jeûne du Ramadan où l'on peut voir une affirmation à la fois identitaire et sociale ; sur ces 11 %, moins de 10 % se réclament d'un des courants d'idées et d'opinions islamistes.

En instituant le Conseil français du culte musulman, le CFCM, en assurant à la fois dans les régions et sur le plan national l'élection de ses membres sur des critères de surface de lieux de culte contrôlés par les associations qui y sont impliquées, on a pensé obtenir enfin une représentativité musulmane. On s'est trompé. Plus de 80 % des musulmans de France ne se sentent aucunement représentés par le CFCM qui n'est en définitive qu'un outil pour le gouvernement français, et aussi pour les membres de cette organisation qui, forts de la reconnaissance des pouvoirs publics en France, s'imposent au sein de leurs communautés respectives.

La question du voile

Le voile a failli déclencher une véritable crise à la fois identitaire et républicaine. Si l'on revient au texte du Coran, il est dit à la sourate 33, versets 50 à 59 : « Prophète, dis à tes épouses, à tes filles, aux femmes des croyants de ramener leur voile sur elles. Ce sera pour elles le moyen le plus commode de se faire connaître et de ne pas être offensées (dans la rue). Dieu est plein d'indulgence et de compassion. » C'est une traduction française par le Cheikh Si Hamza Boubakeur, ancien recteur de l'institut musulman de la mosquée de Paris, un véritable docteur de la loi. Celui-ci ajoute dans son commentaire : « Leur voile : voile couvrant tout le corps. » (Sur les différentes manières de se voiler selon la tradition, voir Tabarî, *La Chronique*, Sindbad/Actes Sud.) Il ajoute encore que « le voile, prescrit par décence et compte tenu du milieu dissolu de Médine, consiste pour les femmes vertueuses en une robe ample qu'elles doivent serrer sur elles pour échapper aux agacements des voyous de la rue » (Le Coran, Maisonneuve et Larose, p. 1312.) En fait, à aucun moment le Coran ne parle de cheveux qu'il faudrait dissimuler, cacher ou voiler.

À un autre endroit, le Coran parle de *hijab*, ce tissu de toile qui, lors de la prière communautaire à la mosquée le vendredi, sépare les croyantes des croyants.

La presse joue sans aucun doute un rôle fondamental dans cette ignorance de l'islam. Faut-il continuer à dire, comme elle le fait souvent, « un Français d'origine étrangère » (marocaine, algérienne ou tunisienne) ? On ne précise pas dans les colonnes de nos journaux ou à la télévision qu'un délinquant est d'origine limousine ou bretonne. Insister sur la nomination d'un préfet français d'origine musulmane est une brèche dans la communauté nationale et une fenêtre sur le communautarisme. Même la question du voile a été traitée avec une ignorance totale des fondements de l'islam.

La libéralisation du droit associatif aurait dû, en 1982, nous alerter : alors qu'il n'existait que quelques associations de dénomination nationale (algériennes, tunisiennes ou marocaines), en trois ans ont éclos 1 574 associations ou regroupements à dénomination islamique ou musulmane, ouvrant la brèche communautariste au sein de la République. Ce qui n'a pas manqué de survenir, c'est que l'exemple a été suivi par d'autres communautés comme les juifs et les chrétiens.

Ces coups de boutoir reçus par le principe de laïcité n'ont inquiété personne. En 1989, un grand ministre de l'Éducation nationale n'a rien trouvé de mieux que d'envoyer le dossier concernant trois jeunes écolières voilées au Conseil d'État. De deux choses l'une : ou le voile est un signe religieux à l'école et cela est strictement interdit dans la République laïque, ou alors c'est un signe culturel et c'est au ministre de trancher, ce qu'il s'est bien gardé de faire.

La *res publica* repose sur quatre socles : la citoyenneté, qui transcende toute appartenance identitaire, communautaire et régionale ; l'égalité, impliquée par cette citoyenneté puisque le citoyen est responsable de la cité – et nous sommes 66 millions de coresponsables de la cité en France ; la solidarité, qui relie les citoyens entre eux ; et enfin ce merveilleux trésor dont nous disposons qui est la laïcité. La liberté se conquiert encore tous les jours, tandis que la fraternité ne se décrète pas mais se vit et se bâtit au quotidien. Cette laïcité qui est le droit de croire ou de ne pas croire, qui reconnaît l'agnosticisme et l'athéisme comme des démarches de foi et de recherche, qui englobe là où les religions sont en train de délier les liens sociaux ; cette laïcité qui fait la différence entre la foi, démarche intime de l'individu d'adhésion à une croyance, et la religion qui est l'organisation temporelle d'une communauté dont les membres partagent ou croient partager la même croyance ; cette laïcité est aujourd'hui, depuis longtemps, bafouée par nos propres gouvernants.

Il n'y a pas de « juifs de France », il y a des citoyens français de confession juive ; il n'y a pas de « musulmans de France », mais des citoyens français de confession musulmane. À qui donc le crime profite-t-il sinon à tous ceux qui voudraient une citoyenneté communautaire, qui ferait que la République française, modèle à vocation universelle mais unique, ne serait plus la France que l'on aime et que beaucoup d'entre nous ont choisie ?

CHAPITRE 16

L'islam est-il soluble dans la République ou la démocratie ?

المُجِيبُ

Si l'on prend le Coran à la lettre, l'islam n'est pas soluble dans la République ou la démocratie dans la mesure où cette religion est englobante et où le Coran confond le sacré et le temporel.

La deuxième partie du Coran, la prédication de Médine, est le fondement de la cité ou de l'État islamique. En revanche, la première partie, celle qui a le plus de souffle sur le plan littéraire et linguistique, celle qui porte réellement l'esprit, est totalement soluble dans tous les régimes du monde. La grande majorité des musulmans de France considèrent cette première partie de la prédication, celle de La Mecque, comme le fondement de leur foi et de leur rapport au divin. C'est bien pour cela qu'ils sont si nombreux à s'être totalement impliqués dans la République.

Si l'islam et le Coran lu à la lettre semblent non solubles dans la République, les musulmans, eux, le sont totalement ; tout comme l'Église catholique du XIXe siècle semblait étrangère à la République, tandis que nombre de chrétiens s'étaient intégrés dans cette République et dans le combat social.

POURQUOI AVONS-NOUS PEUR DE L'ISLAM ?

Une des raisons de la peur suscitée par l'islam tient à ces manifestations qui ressemblent à des émeutes et des rébellions, comme celles de la fin du mois d'octobre et du début du mois de novembre 2005. Et pourtant, si l'on analyse ce qui s'est passé, les émeutes dites « des banlieues » en France ont montré la volonté des jeunes de devenir des citoyens français à part entière, des Français comme les autres. Ce que continuent pourtant à leur refuser la presse, par exemple, et beaucoup d'hommes politiques, en les qualifiant « d'origine maghrébine », ce qu'ils ne sont plus puisqu'ils ignorent tout du pays d'où sont venues leurs familles.

À aucun moment il n'y a eu de revendication islamiste. Au contraire : alors qu'ils vivent dans des zones urbaines où le chômage atteint parfois 35 % à 40 % contre 8 % en moyenne aujourd'hui au plan national, ces jeunes revendiquent le droit à la ressemblance plus que celui à la différence.

La tentative de récupération par les « grands frères », c'est-à-dire par les Frères musulmans, un des courants de pensée islamiste les plus importants, qui espéraient devenir ainsi le lien entre les jeunes et les pouvoirs publics, et gagner en notoriété et surtout en reconnaissance de la part des pouvoirs publics français, a totalement échoué. Durant ces émeutes, on a largement sous-estimé le problème mafieux : l'exemple d'un garçon de treize ans rencontré à cette époque à Aulnay-sous-Bois et qui ne va plus à l'école est éloquent. Il est en effet « employé » pour surveiller de sa fenêtre, tout au long de la journée, l'arrivée de la force publique dans le cadre de la lutte contre le trafic de drogue. Il gagne 80 euros par jour pour prévenir ceux qui, dans le quartier, la cité, distribuent les doses de drogue. Eux gagnent 300 euros par jour, tandis que les livreurs peuvent en espérer 1 800. Les sommes d'argent qui circulent sont sans comparaison avec les salaires.

Face aux émeutes, le gouvernement n'a eu qu'une réponse sécuritaire, sans doute par ignorance ou méconnaissance de tous les tenants et les aboutissants sociologiques, économiques, psychologiques, et bien entendu religieux de ces événements.

L'islamisme en France

Le mot islamisme mérite une définition : si on lit les auteurs ou les orientalistes du XIXe siècle, ce terme désigne la religion musulmane. Dans la seconde moitié du XXe siècle, au début des années 1980, des chercheurs français ont voulu définir un concept spécifique à l'islam et désignant à la fois l'intégrisme et le fondamentalisme. Pour éviter toute confusion avec le christianisme, le catholicisme ou le protestantisme et le judaïsme, ils ont choisi le terme d'islamisme.

L'intégriste est celui qui s'attache à l'intégrité du texte, le fondamentaliste est celui qui transpose cette intégrité textuelle à celle des comportements et des attitudes ; l'islamiste est celui qui cherche à islamiser ou à réislamiser le champ social administratif, économique et bien entendu politique dans lequel il vit.

Une fois défini ce concept, force est de reconnaître qu'il entraîne des amalgames hélas néfastes.

De même qu'Arabe ne veut pas dire musulman – plus de 15 % des Arabes ne sont pas musulmans –, musulman ne veut pas dire islamiste. Nous avons déjà relevé que les islamistes sont une infime minorité des musulmans dans le monde, même s'ils font beaucoup parler d'eux. Islamiste, enfin, ne veut surtout pas dire terroriste, c'est-à-dire celui qui franchit le cap de la violence.

Le phénomène islamiste n'est pas nouveau. Il a existé dès le début de l'islam lorsque les tenants de l'école juridique rigoriste, hanbalite, ont voulu éliminer tout apport nouveau aux dogmes. Il s'est structuré au XXe siècle, en adoptant une méthodologie et une volonté de recrutement. L'islamisme sous sa forme actuelle est l'une des conséquences de la colonisation : lorsqu'en 1916, Français et Britanniques ont voulu créer des États-nations, ils ont installé des frontières dans une région, le Moyen-Orient, qui n'en avait jamais connu depuis l'empire des pharaons. En effet, les vastes empires qui se sont succédé avaient effacé des frontières qui représentaient pour eux un dépècement de la communauté, devenue par la suite la *oumma* dès les premiers temps de l'islam. Ce rétablissement des frontières a entraîné une réaction de la part des musulmans attachés à l'unité de la *oumma*. Tout au long des siècles, dans l'histoire mouvementée de l'islam, renversements, coups d'État et assassinats au nom de Dieu et de la religion se sont succédé. On se souvient des « hachachines », ces commandos suicides envoyés en mission après avoir été drogués au haschich – d'où leur nom – et qui tuaient les ennemis du Sultan et du Grand Vizir, persuadés qu'ils gagnaient par leur geste leur place au paradis.

Depuis la naissance de l'islam, des penseurs, des docteurs de la loi ou des exégètes ont offert une vision de l'homme ou du monde à travers le prisme d'une interprétation réductrice de l'islam. En revanche, au début du XXe siècle, après la Grande Guerre, ces courants intégristes, fondamentalistes se structurent pour la première fois. Ils acquièrent une méthode et se donnent les moyens d'un prosélytisme dynamique parfois violent, parfois agressif, grâce à une organisation, une hiérarchie et surtout une pensée englobante religieuse et politique au service de leur but : prendre le pouvoir au sein des communautés musulmanes.

Confiné à l'origine dans des couches minoritaires de la société, le phénomène islamiste a déferlé sur le monde arabe et musulman dans les années 1960 et 1970. La rupture se fait au moment des indépendances. L'« Occident modèle » le reste jusqu'à donner lieu à de pâles imitations. Les États arabes ou musulmans qui s'inspirent du système libéral ou de l'expérience socialiste tentent de résister aux tensions : modernisation de la société, urbanisation accélérée et sauvage, éducation généralisée ; mais la captation des pouvoirs par les régimes en place depuis la décolonisation, le non-décollage économique, la démographie galopante, le chômage implacable au sein de la jeunesse, les frustrations accumulées durant les années de dictature et surtout la volonté d'une recherche identitaire et culturelle ont détourné la population d'un islam traditionnel vers un islam identitaire radical et éloigné de l'essence de cette religion.

Chapitre 17

L'islam en Europe

الوَاسِعُ

Cet état des lieux de l'islam dans le Vieux Continent passe en revue les principaux pays où l'islam est présent et leur attachement au principe de laïcité.

Si l'islam est la deuxième religion de France ou de Belgique, les musulmans en Europe représentent moins de 3 % de la population du Vieux Continent. Et ce n'est que depuis le milieu des années 1980 qu'ils essaient, autant que faire se peut, de s'organiser.

Le 10 décembre 1991, à l'issue du 46e Sommet européen de Maastricht, les douze chefs d'État et de gouvernement de la CEE ont paraphé le Traité d'Union européenne qui prévoyait à terme la création d'un espace sans frontières internes au triple plan économique, monétaire et social. À l'intérieur de cet espace se pose la question de l'islam, qui compte plus de 13 millions d'adeptes formant une communauté transnationale d'immigrés qui, dans sa grande majorité, est déjà insérée voire intégrée dans l'Union. Cette minorité musulmane émergente fait face à des difficultés, voire des conflits, à l'intérieur d'un espace où l'identité européenne plonge ses racines à la fois dans une longue tradition judéo-chrétienne et dans une récente adhésion à la laïcité tout en intégrant dans son histoire et son patrimoine, comme en Espagne et en Grèce notamment, la troisième religion révélée.

Belgique : une reconnaissance officielle

Pour les Belges, la présence de l'islam est une nouveauté dans tous les sens du terme : le pays n'a pas eu de colonies en terre d'islam comme ses voisins, la France, la Hollande et la Grande-Bretagne ; la Belgique a donc été confrontée à une réalité nouvelle qu'elle a accueillie avec beaucoup d'empressement… et quelque naïveté, mais avec un résultat globalement positif. Le pays s'est mis à découvrir l'islam ; et réciproquement : les musulmans en Belgique ont aussi découvert la réalité complexe de la société belge, prête à des compromis dont ils ont pu tirer profit : les divisions linguistiques et le processus de régionalisation, les nationalismes flamand et francophone.

En Europe, c'est en Belgique que l'islam s'est le plus structuré. Constitués au départ d'ouvriers sans la moindre formation, les immigrés sont longtemps restés attachés à leurs pays d'origine.

La loi organise les cultes et règle leur organisation temporelle. La tutelle en revient au ministre de la Justice. Légalement, tous les cultes sont libres : ils sont indépendants de l'autorité publique, et égaux. Les étrangers peuvent jouir de ce droit, dans les limites des dispositions du droit public interne. Jusqu'en 1974, quatre cultes étaient reconnus : le culte catholique, le culte protestant, le culte anglican et le culte israélite.

Dès la reconnaissance de l'islam comme culte à part entière, des comités chargés de la gestion du temporel du culte islamique ont été officiellement installés. Ce sont ces comités qui administrent et organisent à leur tour les comités de gestion des mosquées.

Cette reconnaissance impute à l'État la prise en charge des traitements et des pensions des ministres du culte.

En 1970, les Séoudiens de la Ligue islamique mondiale, organe wahhabite de propagation de la foi, ont fait construire à Bruxelles un Centre islamique. Il connaît une rapide expansion puisque à cette époque c'est la seule organisation musulmane structurée en Belgique.

L'islam en Belgique est à l'image de l'islam dans le monde : divers et pluriel. Il est aussi traversé par des courants radicaux, ceux qu'on appelle intégristes, fondamentalistes, islamistes et autres extrémistes. Ils mordent comme ailleurs sur une frange minime de la communauté ; ces courants islamistes se déchirent.

Malgré la constitution d'un Conseil qui a théoriquement toutes les attributions de représentativité et en raison des tiraillements permanents entre représentants communautaires, le Centre islamique sous tutelle séoudienne contrôle l'éducation religieuse. Dans les écoles où il est prévu que des cours d'instruction religieuse soient donnés, les professeurs sont rétribués par l'État. Ils sont choisis avec l'aval du Centre islamique de Bruxelles. Il n'a pas été tenu compte des différentes sensibilités, ni du fait que la direction soit presque entièrement aux mains des Arabes.

On comprend dans ces conditions l'acharnement de la population turque – l'autre grande communauté musulmane de Belgique – à contester le Centre islamique de Bruxelles et sa représentativité de fait.

L'ambiguïté de la situation est totale : d'un côté, l'ambassade turque procède à ses propres nominations ; de l'autre, le Centre islamique et culturel, sous tutelle séoudienne et interlocuteur privilégié des autorités belges, présente des imams-professeurs choisis parmi les résidents turcs de Belgique et qui, à l'issue de leur contrat, ne sont pas obligés de rentrer chez eux. Les autorités turques voient dans cette situation une ingérence des Arabes dans les affaires intérieures de la Turquie.

Le communautarisme britannique

L'islam en Grande-Bretagne provient avant tout du sous-continent indien ; de la même manière qu'il était organisé là-bas du temps de l'Empire britannique, il se retrouve outre-Manche regroupé autour de quatre pôles de pensée :

– le mouvement Déobandi, adepte de la stricte observance de l'orthodoxie sunnite même à l'intérieur d'un État non musulman ;

– les Barelvis soufis qui se reconnaissent dans leur dévotion intense pour le Prophète ;

– le tabligh dont nous avons déjà parlé (voir p. 148) ;

– et la Jamaat-e-Islami de Mawdoudi, qui prêche l'édification d'un État islamique.

Ces quatre branches de l'islam du sous-continent monopolisent en quelque sorte l'islam britannique.

La Grande-Bretagne compte près de cinq cents mosquées et lieux de culte islamiques. Le Royaume-Uni laisse faire les réfugiés et les communautés tant qu'ils sont en situation régulière, qu'ils n'enfreignent pas la loi, ne menacent pas la sécurité de la Couronne ou, bien entendu, qu'ils ne commettent pas d'actes de violence.

Les autorités britanniques ne traitent pas avec des groupes religieux mais avec des groupes ethniques. Il y a en effet une seule religion officielle au Royaume-Uni : l'Église anglicane. Les autres confessions relèvent de la législation générale, essentiellement fondée, plus ou moins implicitement, sur les valeurs chrétiennes. De plus, les institutions religieuses ne bénéficient pas comme ailleurs en Europe de soutiens financiers de l'État. Elles peuvent en revanche profiter du statut d'« associations pieuses » dûment enregistrées qui leur donne des avantages fiscaux.

La population islamique a connu ces dernières années la croissance démographique la plus rapide tant en raison d'un taux de natalité particulièrement élevé qu'à cause d'un prosélytisme dynamique. L'islam asiatique, avec ses spécificités, est caractérisé par une volonté d'intégration et de participation à la vie publique britannique. Entre 1989 et 2006 a existé un Parti islamique britannique, fondé par un Anglais converti, qui a compté plusieurs milliers d'adhérents.

Sur le plan administratif, la plupart des musulmans de la première génération sont citoyens britanniques. Il est un fait que les musulmans de Grande-Bretagne bénéficient de la spécificité de la société britannique qui privilégie traditionnellement la multiculturalité et le communautarisme ; cela conditionne tout autant les relations sociales que celles avec l'État.

« La première génération suit la loi islamique à la lettre ; la deuxième, si elle n'a pas abandonné l'islam, a choisi de rechercher l'esprit de cette loi », constate Fozia Bora, journaliste à *Q-News*, hebdomadaire musulman de Londres. Ce journal est lui-même un signe de fusion entre les cultures britannique et musulmane, à travers son titre neutre et les sujets qui y sont abordés : l'homosexualité, la masturbation et autres problèmes personnels jusque-là tabous dans l'islam.

L'émigration de citoyens arabes du Proche-Orient (Libanais, Iraniens, Séoudiens, Koweitiens, etc.) reste trop quantitativement limitée pour entraîner un déséquilibre géographique au sein de la communauté musulmane.

ALLEMAGNE : LE *GASTARBEITER* INSTALLÉ

Jusqu'au milieu des années 1975, les besoins de l'économie allemande ont attiré la main-d'œuvre étrangère. Mais l'arrêt de l'immigration et le regroupement familial posent aujourd'hui la question du statut de ces populations, estimées à quelque 3 % de la population, soit 2,7 millions de personnes essentiellement en provenance de Turquie (environ 2 millions), du Maroc (300 000) et de Yougoslavie (environ 100 000). Viennent ensuite les Iraniens (22 000) puis les Tunisiens (21 000).

Traditionnellement, l'Allemagne n'a jamais été un pays d'immigration. Les travailleurs immigrés n'étaient qu'une main-d'œuvre temporaire : des *Gastarbeiter*, des « travailleurs invités ». Aujourd'hui installées, ces populations sont toujours constituées dans leur grande majorité de personnes étrangères puisque la nationalité allemande repose sur le droit du sang et non du sol. La naturalisation s'acquiert donc par filiation, lorsque l'un des parents est allemand, ou par naturalisation.

La Loi fondamentale de mai 1949 (Constitution) assure la liberté des cultes ; les différentes Églises reconnues ont le statut de droit public, permettant aux services fiscaux de prélever un impôt religieux. N'étant pas regroupés dans une organisation, les musulmans de RFA se sont retrouvés culturellement et socialement au sein d'une association de droit privé.

La spécificité de l'islam en Allemagne tient au fait que les immigrés viennent tous de pays qui n'ont pas subi la colonisation allemande et qui, en y débarquant, ignorent tout de la langue du pays. Cela crée un sentiment de rejet plus marqué de la part de la population locale. Se sentant exclus, ces « travailleurs invités » et leurs familles ont cultivé leur particularité. Eux aussi ne pouvaient se développer, à l'instar de ceux vivant en France, que dans un cadre associatif les obligeant en quelque sorte à se replier sur eux-mêmes. Ils ont dû s'organiser et se regrouper. Mais en l'absence d'unité au sein de l'islam en général et de l'islam turc en Allemagne, il existe plusieurs associations plus ou moins fédérées autour de trois grands courants : l'islam officiel d'Ankara regroupé autour de l'Union turco-islamique (DITIB), filiale du Bureau des affaires religieuses rattaché au Premier ministre ; l'islamisme incarné par l'AGMT (l'Union islamique pour la nouvelle vision du monde) ; et le Milli Görüs (Union turque européenne) de Necmettin Erbakan qui prêche l'instauration d'un État islamique en Turquie par la voie démocratique. Avec la nomination de M. Erbakan au poste de Premier ministre turc, en juillet 1996, les relations entre le Milli Görüs et la DITIB se sont améliorées. L'armée s'est chargée d'éliminer politiquement Erbakan. L'actuel président de la République Recep Tayyip Erdoğan, populaire et se disant islamiste modéré, est parvenu à résister aux laïcs du pays et de l'armée. Il a également réussi à contrôler sa diaspora.

En dehors de l'islam turc, sont également présents en Allemagne des Frères musulmans essentiellement égyptiens et syriens, avec leur maître à penser Issam al-Attar. Ils sont regroupés au sein de « centres islamiques » à Aix-la-Chapelle, Berlin, Francfort et Munich. La maison mère, la « Maison de l'islam », qui dépend du Centre européen des Frères musulmans de Genève, se trouve au sud de Francfort.

Si autrefois les Turcs constituaient en Allemagne la seule force musulmane, les Iraniens, depuis la révolution khomeinyste – et en dépit de leur faible nombre – sont de plus en plus actifs. Ils jouissent en effet d'une influence croissante tant sur le plan culturel que sur le plan économique.

Avec le regroupement familial, le nombre des Turcs en Allemagne a augmenté de 50 % en vingt ans (de 1962 à 1982). Les femmes et les enfants constituent les deux tiers de la communauté. En raison de la prédominance des Turcs (avec de nombreux Kurdes), Ankara, par le biais de la DITIB, a obtenu que des cours d'histoire de la religion soient donnés dans les collèges et lycées (en allemand) au niveau des classes primaires. En Allemagne, l'école relève de la souveraineté des *Länder* et non de l'État fédéral.

Mais des expériences se multiplient à travers le pays dans le domaine de l'enseignement : à Hambourg, des écoles islamiques s'installent dans des appartements loués par les parents qui engagent eux-mêmes des instituteurs capables de délivrer à leurs enfants des leçons religieuses. Même au plan officiel des *Länder*, des initiatives sont prises. L'école se veut résolument un lieu d'intégration, mais à la manière allemande.

La difficulté première vient de ce que le contenu de l'enseignement religieux chrétien est soumis à une commission paritaire entre l'Église et l'État. Il devrait en aller de même pour l'islam ; mais avec qui discuter ? Les autorités allemandes ont tranché et traitent cette question avec la DITIB. Les autres organisations qui ne pouvaient approuver une telle exigence de contrôle ont monté des cours parallèles.

La communauté musulmane en Allemagne mène aujourd'hui un double combat : celui de la reconnaissance officielle, qui lui donnerait des avantages financiers conséquents en lui permettant de bénéficier de la collecte par l'État du fameux impôt ecclésiastique, au même titre que les Églises chrétiennes et la communauté juive ; et celui de la double nationalité. Cette dernière demande est devenue cruciale ces dernières années depuis que la communauté est la cible des autorités publiques et laïques.

Malgré toutes les difficultés soulevées par ces deux demandes, dont la moindre n'est pas d'ailleurs la division de la communauté musulmane et l'absence d'un interlocuteur unique incontesté, beaucoup de voix s'élèvent outre-Rhin pour souligner tous les avantages d'une reconnaissance juridique comme d'une meilleure intégration à l'école qui assurerait à terme la formation d'instituteurs, de professeurs et d'imams nés en Allemagne et, pourquoi pas, de nationalité allemande. Autant de garde-fous pour enrayer la montée de la menace islamiste.

Les Pays-Bas : un pilier parmi d'autres

La société néerlandaise ne connaît pas d'immigrés comme en France ou d'étrangers comme en Allemagne : il n'y a que des minorités. Sur 15 millions de Néerlandais, on dénombre 700 000 étrangers.

Il n'existe pas de politique particulière de la part du gouvernement néerlandais concernant les musulmans ou toute autre communauté religieuse. Il y a une politique concernant les étrangers. La Constitution garantit une liberté religieuse intégrale et égale à toutes les communautés, aussi bien chrétiennes que non chrétiennes. Si la séparation entre l'Église et l'État n'est pas inscrite dans la Constitution, ni dans aucune autre loi, il s'agit néanmoins d'un vieux principe politique solidement ancré dans les esprits.

On a souvent utilisé l'image d'un temple aux multiples piliers pour décrire le système hollandais, chaque pilier représentant une communauté culturelle ou religieuse. Cette image permet de mieux comprendre le rôle socioculturel des lieux de culte, à quelque confession qu'ils appartiennent, et surtout, en ce qui concerne les mosquées et lieux de prière musulmans, le financement public de leurs activités culturelles et sociales.

Au Danemark, toujours les Turcs

La communauté musulmane est en grande majorité formée de ressortissants turcs. Ils sont groupés autour d'une mosquée et d'un Centre culturel islamique, fondation de droit privé dont les statuts sont déposés au ministère de l'Intérieur.

Comme partout ailleurs, à l'exception de la Suède, la communauté turque (kurde) est sous l'influence directe du ministère des Affaires religieuses d'Ankara.

L'insertion sociale à l'échelon local est assurée par l'application, effectuée sans difficulté, de la loi de 1985 autorisant les étrangers résidents depuis plus de trois ans à être électeurs et éligibles aux élections municipales.

L'ITALIE : LE ROYAUME DES CLANDESTINS

L'Italie est laïque depuis 1945 et concordataire depuis février 1984. Sur une population de 59 millions d'habitants, elle compte plus de 4 millions d'étrangers dont 1 million de clandestins. On estime à plus de 250 000 le nombre d'adeptes de l'islam en provenance du Maghreb, d'Érythrée, de Somalie et du Proche-Orient.

Depuis le premier choc pétrolier (1972), l'Arabie et la Libye de Kadhafi ont financé des associations culturelles musulmanes qui ont créé dans les grandes agglomérations des mosquées, des lieux de prière et des centres culturels. La construction de la grande mosquée de Rome a été marquée par des péripéties diverses. Un étranger qui acquiert la nationalité par décret fait serment d'allégeance aux institutions de la République, ce qui suppose qu'un musulman abandonne *ipso facto* certaines dispositions de la *charia*.

La particularité de l'Italie dans l'ensemble des pays d'Europe est d'avoir elle-même été longtemps, et jusqu'aux années 1960, une terre d'émigration, aussi bien vers l'Europe que vers l'Amérique du Nord ou du Sud. La situation géographique de l'Italie, en plein centre de la Méditerranée, à quelques milles des côtes de l'Afrique du Nord, en fait également une destination d'immigration évidente pour le trop-plein de main-d'œuvre de ces pays.

ESPAGNE : LE POIDS DE L'HISTOIRE

En Espagne, comme en Grèce, le modèle laïc est tempéré par le poids de l'histoire politico-religieuse, notamment à Madrid.

De 711 à 1512, les populations arabo-berbères venues d'Afrique du Nord s'installent dans la péninsule Ibérique et fondent des royaumes qui disparaîtront avec la *Reconquista* catholique : il en subsiste un riche patrimoine de civilisation qui a marqué la politique extérieure du roi Juan Carlos et de son gouvernement, notamment vis-à-vis des pays musulmans.

Sur 47 millions d'habitants, le Royaume d'Espagne compte 250 000 étrangers musulmans auxquels il convient d'ajouter de nombreux clandestins originaires du Maroc et d'Afrique de l'Ouest. L'appel de main-d'œuvre pour les grands chantiers de Séville et de Barcelone n'est pas étranger à ce flux migratoire.

Par ailleurs, l'Espagne compte 3 000 nationaux convertis à l'islam.

On y trouve plusieurs lieux de prière, cinq grandes mosquées dont celle d'Abou Bakr à Madrid et le monumental Centre islamique, financé à grands frais par le roi Fahd d'Arabie. Il existe également un cimetière musulman à Griñón, propriété du Consulat général du Maroc à Madrid. Sur le plan institutionnel, l'islam d'Espagne a bénéficié de l'accession à la royauté de Juan Carlos et de sa politique d'ouverture après la disparition du franquisme (depuis 1978, le catholicisme n'est plus religion d'État et, en 1979, Madrid a signé un nouveau concordat avec le Vatican).

La communauté musulmane en Espagne se répartit en quatre groupes :

– *les étudiants*

Il y a encore quinze ans, le nombre d'étudiants arabes en Espagne n'arrivait pas à deux cents. Aujourd'hui ce chiffre a augmenté considérablement, lesdits étudiants provenant notamment de Palestine, de Syrie, de Jordanie, du Liban et des pays du Maghreb.

– *les travailleurs*

L'immigration due au manque de travail dans les pays d'origine débute en 1967. Mais la grande vague migratoire se produit après 1970 avec l'expansion rapide de l'économie espagnole.

– *les visiteurs de passage*

Les musulmans qui habitent et travaillent dans des pays européens, qu'ils soient hommes d'affaires ou travailleurs d'Afrique du Nord, traversent l'Espagne vers leur pays d'origine à l'occasion des vacances d'été ou du Ramadan. L'Espagne est ainsi le premier pays de migration de passage.

– *les Espagnols convertis*

Ceux-ci constituent actuellement une minorité parmi la population musulmane. C'est un phénomène d'apparition récente. Il s'agit de personnes souvent jeunes, qui affirment avoir trouvé dans l'islam la réponse à leurs inquiétudes.

La plupart des imams chargés des lieux de prière en Espagne sont des Marocains. Aussi a-t-on observé depuis longtemps la présence active et le soutien croissant du Maroc aux diverses associations islamiques.

Le programme prosélyte marocain pour l'Espagne présente des aspects très variés, depuis les différents groupements de musulmans (étudiants, fonctionnaires, émigrants et convertis), jusqu'à l'établissement d'un plan de formation des imams des centres islamiques et des mosquées.

Le Maroc, enfin, contrôle la plus grande partie de la production intellectuelle, religieuse et culturelle de l'islam en Espagne : cela passe par la mobilisation des associations musulmanes, la construction de mosquées, l'organisation des congrès de fraternisation islamique, etc. Cela a l'avantage de contrebalancer l'influence séoudienne toujours volontariste.

GRÈCE : UN ISLAM HISTORIQUE ET MARGINAL

Dans ce pays, l'islam possède un caractère historique et marginal. Il s'agit des 150 000 musulmans de Thrace occidentale et de quelques îles qui ont conservé depuis l'Empire ottoman leurs lieux de culte et leur spécificité. Ils sont représentés au parlement d'Athènes par deux députés.

En 1923, le traité de Lausanne a régi les conditions d'un gigantesque échange de population : 600 000 Turcs de Grèce contre 1,5 million de Grecs de Turquie. De part et d'autre, quelques-uns ont pu rester sur place. Ce traité prévoyait que leurs représentants légitimes soient de part et d'autre leurs autorités religieuses : d'un côté le patriarche d'Istanbul, de l'autre trois muftis, le mufti étant dans cette région la plus haute autorité musulmane en matière spirituelle et religieuse.

Les musulmans de Grèce appelés à exercer des fonctions officielles prêtent serment sur le Coran, devant un tribunal, devant les drapeaux ou même devant l'Assemblée nationale lors de leur élection comme députés – geste hautement symbolique.

L'AUTRICHE : UNE PLACE PARTICULIÈRE

100 000 musulmans vivent en Autriche : 53 000 sont d'origine turque, 11 000 de l'ancienne Yougoslavie (Bosniaques), et 7 000 sont citoyens autrichiens.

L'Autriche occupe une place tout à fait particulière dans l'ensemble des pays de l'Europe de l'Ouest ; depuis la chute du bloc de l'Est, elle a retrouvé sa place en Europe centrale. Des siècles durant, l'Autriche s'est trouvée à la frontière entre les pays chrétiens et les pays musulmans. Cette situation géopolitique influe sur le profil de l'islam dans ce pays et sur les relations de la société autrichienne avec la communauté musulmane. Au XIVe siècle, les Turcs ont entamé une occupation des Balkans qui s'est achevée au XVIe siècle avec l'incorporation de la Hongrie dans l'Empire ottoman. La période comprise entre le premier et le second siège de Vienne (1529 et 1683) connaît des tensions politiques mais aussi des rencontres mutuelles et un intérêt grandissant pour la culture voisine. En 1683, après la victoire des troupes autrichiennes (aidées par d'autres puissances européennes), l'Autriche devient peu à peu la force politique dominante dans les Balkans. La phase finale de ce mouvement est constituée par l'occupation en 1878 de parties de ce qui deviendra ensuite la Yougoslavie (Bosnie-Herzégovine). Lorsque ces territoires sont annexés en 1908, un million de musulmans deviennent citoyens de l'Empire austro-hongrois, à côté des minorités déjà existantes.

Dès 1874, l'islam a reçu un statut légal d'association. Un mufti résidait à Vienne, et des imams s'occupaient pastoralement des musulmans dans les forces armées. Après le démantèlement de l'Empire, il n'est resté que peu de citoyens musulmans en Autriche. Mais la communauté musulmane autrichienne, composée essentiellement de Bosniaques, se considérait comme l'avant-poste occidental de l'islam et le lien entre une version européenne de celui-ci et le monde musulman. Depuis 1979, l'islam est de nouveau reconnu en tant que communauté religieuse.

LE LIBÉRALISME SUÉDOIS

Dans une proportion beaucoup plus grande qu'ailleurs, la présence musulmane en Suède est le fruit de l'accueil de réfugiés, suite à une politique très libérale qui a perduré jusqu'à la fin des années 1980. Il s'ensuit une forte immigration de citoyens turcs d'origine kurde ou assyrienne (des chrétiens syriens orthodoxes), de Libanais, Palestiniens et Iraniens dont une grande partie n'est d'ailleurs pas musulmane.

Un deuxième groupe de musulmans est constitué de travailleurs immigrés turcs et yougoslaves, attirés jusqu'au milieu des années 1980 par le modèle social suédois, peu affecté jusqu'alors par le chômage des années de crise du pétrole qui a atteint plus tôt les autres pays européens.

Le nombre de musulmans est estimé à environ 100 000 personnes, dont la moitié environ réside dans la région de Stockholm.

Dès la fin des années 1960, la Suède s'est attachée à une politique d'intégration. L'acquisition de la nationalité suédoise a été facilitée en 1973, des fédérations musulmanes ont eu accès à des fonds publics, tout comme les catholiques et les orthodoxes. Et cela, bien que l'Église luthérienne de Suède soit reconnue Église d'État.

À l'instar de ce qui se passe dans tous les autres pays européens, les musulmans de Suède tentent de faire aboutir des revendications spécifiques. L'une d'elles a abouti : le mariage religieux musulman est reconnu comme mariage légal sans qu'il soit besoin de passer par la mairie.

Au Luxembourg, le syndrome bosniaque

Seuls les Bosniaques de l'ex-Yougoslavie arrivés en masse au Luxembourg depuis les événements de 1991 constituent une communauté plus ou moins homogène. Il existe dans ce pays une salle de prière qui ne fait pas l'objet d'une attention particulière.

Ces islamistes bosniaques se subdivisent en plusieurs factions ayant chacune sa propre milice, s'échelonnant de l'islamisme radical à l'islam moderne. Ainsi, l'une d'entre elles, l'AHC-PAD, ne se limite pas à propager l'islam dans un cadre strictement religieux : cette formation milite pour que les préceptes islamiques l'emportent sur les règlements et lois en vigueur au Luxembourg.

Cet extrémisme semble avoir été la cause d'une scission au sein de l'AHC-PAD qui a donné naissance au Bosnischen Verein : neues Bosnien (Association bosniaque : Nouvelle Bosnie). Officiellement, ce groupe ne poursuit pas d'objectifs religieux mais est plutôt porté à organiser des collectes au profit des nécessiteux en Bosnie.

Au Portugal, un islam inexistant

L'islam est quasiment inexistant. Depuis la fin du régime de Salazar, les nouvelles institutions portugaises se développent dans un environnement laïc et les cultes non catholiques évoluent dans un cadre associatif sous la tutelle du ministère de l'Intérieur.

SUISSE, UNE POSITION CENTRALE DANS L'EUROPE GÉOGRAPHIQUE

En Suisse, c'est l'islam sunnite moyen-oriental qui est majoritaire au sein de la communauté musulmane. Il est très difficile d'obtenir un titre de séjour ainsi qu'une carte de travail dans la Fédération helvétique, ce qui rend la présence islamique assez élitiste. Les musulmans à Genève et dans les autres villes sont issus essentiellement de milieux bancaires et de professions libérales. Les chiites, pour la plupart des Iraniens, sont dans leur grande majorité des hommes d'affaires en opposition au régime islamique de Téhéran.

La présence en Suisse de musulmans ne devient significative qu'à partir des années 1970, en raison de l'immigration croissante d'ouvriers en provenance de pays musulmans, en particulier de Turquie, mais aussi des régions méridionales de l'ancienne Yougoslavie et, en Suisse romande, d'Afrique du Nord. On note une présence toujours plus grande de réfugiés kurdes, iraniens, libanais ou autres.

En 1961, un Frère musulman d'origine égyptienne, Saïd Ramadan, fondait à Genève un Centre islamique qui allait devenir le quartier général des Frères musulmans en Europe. Le Congrès du monde musulman, la Ligue islamique mondiale et l'Organisation de la conférence islamique ont également une représentation en Suisse.

La législation suisse ne contient pas de dispositions qui se rapportent directement aux musulmans. Elle interdit la mise à mort rituelle des animaux (la viande *halal*). La viande des bêtes abattues selon le rituel est aujourd'hui importée des pays producteurs et vendue dans les boucheries spécialisées.

Dans les cimetières suisses, il n'existe pas de terrains spéciaux – les fameux « carrés musulmans » – pouvant recevoir la sépulture des citoyens musulmans. C'est pourquoi ceux-ci font en sorte de ramener dans leur pays les corps de leurs parents décédés en Suisse.

Quant aux minarets, les Suisses ont été appelés à un référendum en 2009 pour savoir s'il fallait permettre leur construction ou les interdire ; une majorité d'entre eux se sont prononcés pour l'interdiction de les intégrer dans le paysage urbain.

CHAPITRE 18

Une voie d'avenir : le soufisme

Le soufisme est la voie mystique de l'islam. Les soufis privilégient l'expérience personnelle par rapport à la démarche communautaire. Le Dieu que découvrent les soufis est un Dieu d'amour, auquel on accède par amour : « Qui connaît Dieu, l'aime ; qui connaît le monde y renonce. »

Dès le VIIIe siècle, l'islam connaît son expérience mystique : certains musulmans voulant vivre la rencontre intérieure entre le croyant et son Dieu se retirent aux confins du désert, notamment en Syrie et en Égypte.

Les docteurs de la loi et les juristes s'en méfient et s'en inquiètent. Ils y voient une déviation de l'islam, en tout cas de celui de Mahomet qui privilégie la communauté sur l'individu alors que ces soufis – du nom de la grossière étoffe de laine blanche (*soûf* veut dire « laine » en arabe) dont ils se recouvrent – veulent atteindre le salut individuellement. On les appelle aussi *râheb*, du même nom dont on désignait les moines chrétiens en Orient ; ou encore *fakîr* ou *derwiche*, termes qui désignent les pauvres en raison de l'état de dépouillement auxquels ils s'astreignent. N'est-ce pas là un idéal « spécifiquement chrétien » ? lance avec mépris au XIVe siècle le grand polémiste fondamentaliste syrien Ibn Taymiyya.

Dans leur quête de Dieu, les soufis préconisent le détachement vis-à-vis des choses de la vie, le jeûne, le silence, la méditation (*al-tafakkour*)... Toutes choses qui vont à l'encontre de la vie communautaire.

L'INITIATION PAR UN MAÎTRE

Mais ce qui inquiète encore plus les docteurs de la loi, c'est la réunion des mystiques sous l'autorité d'un cheikh, un maître, qui développe lui-même une liturgie propre et des techniques de méditation particulières, mettant en péril leur autorité religieuse et leur compétence de théologiens. Leur méfiance est grande vis-à-vis de cette voie qu'il faut suivre, ces étapes qu'il faut franchir pour atteindre l'union intime totale (*ittihâd*) avec Dieu, qui procure l'extase.

Cette approche se fait sous l'autorité d'un maître dont le rôle est fondamental dans l'initiation. Selon l'un des hadiths, il existerait 90 000 voiles entre le croyant et la réalité supérieure, Dieu. L'initiation nous permet de lever un à un ces voiles qui nous empêchent d'accéder à la lumière divine, et le maître nous offre des points de repère pour y arriver. « Celui qui n'a pas de maître a pour maître Satan », disait un des grands soufis, l'Andalou Ibn 'Arabi.

Tour à tour combattu, condamné, rejeté, et enfin récupéré – du moins par le pouvoir en place –, le mysticisme musulman est toléré tant qu'il s'insère politiquement et socialement. C'est sans doute la rencontre de l'islam avec la Perse qui a donné son envol au mysticisme islamique. Beaucoup de grands soufis sont d'ailleurs persans, comme Nizami, Jalâl ad-Dîn Rûmî, Farîd ad-Dîn Attâr ou surtout Abou Hamid al-Ghazâli, l'« Algazel » du Moyen Âge chrétien.

Autour du maître, le cheikh, s'articule la hiérarchie des lieutenants, des disciples, des aspirants qui obéissent à une discipline stricte. Ainsi naissent les confréries, *tarîqa* ; en fait, le terme *tarîqa* se traduit littéralement par « voie », qui traduit l'idée du cheminement initiatique vers Dieu.

Chaque confrérie a ses méthodes d'initiation, ses points de repère mis en place par le maître. Cela peut être la prière, la méditation, la musique et la danse, le voyage… Le *dhikr* est la prière collective autour du maître qui consiste à répéter sans relâche le ou les noms de Dieu, ou encore certaines formules incantatoires.

L'influence des confréries, expression d'un islam populaire éloigné de la théologie et des explications savantes des docteurs de la loi, n'est pas seulement religieuse mais également politique. Elle s'exerce aussi bien dans les villes que dans les campagnes.

Parmi les grandes confréries, certaines très anciennes demeurent bien actives et ont des ramifications dans toutes les régions de la sphère musulmane. Elles portent en général un nom dérivé de celui de leur fondateur :

– la Qâdiriyya, fondée en 1166 à Bagdad par Abdel Qâder Jilâni ;

– la Tijjâniyya, fondée au Maghreb à la fin du XVIIIe siècle ;

– la Mawlawiyya (ou Mevleviyya), créée à Konya au XIIIe siècle par Jalâl ad-Dîn Rûmî, est la fameuse confrérie des derviches tourneurs ;

– la Senoussiyya, fondée au début du XIXe siècle en Libye et qui a joué un rôle primordial lors de la bataille d'indépendance ;

– la Rahmâniyya, organisée au XVIIIe siècle par un cheikh kabyle, et qui suscitera l'insurrection kabyle au siècle suivant ;

– la Rifâ'iyya, omniprésente dans les pays de la péninsule Arabique et en Jordanie ;

– celle des Mourides, créée au Sénégal au XIXe siècle, très puissante et très riche grâce à la culture de l'arachide ;

– la Naqshabandiyya, fondée au XIVe siècle et très active en Russie et dans les Républiques musulmanes de l'ex-URSS.

Le soufisme sociétal

Depuis quelques années, nous assistons à l'émergence d'un soufisme sociétal qui pousse les soufis à se plonger dans la vie de la société et à rayonner. Les deux confréries les plus importantes de ce mouvement sont la Khalwatiyya et la Alawiyya.

La Khalwatiyya a été créée dans les années 1980 par le chef égyptien Mohammad el-Tayeb, qui s'est installé à Gorna, en face de Louxor. La Khalwatiyya accueille toute personne en demande d'aide morale, psychologique ou matérielle ; elle accueille également des femmes en difficulté dans leur milieu social ou familial et leur apporte la chaleur d'une famille à travers la religion. Au fil des années, le cheikh Mohammad el-Tayeb est devenu un « juge de paix » qui intervient comme médiateur dans les conflits entre les familles, les voisins ou dans les contentieux qui ne méritent pas de passer par le tribunal. On vient de toutes les villes d'Égypte pour le consulter. Son frère Ahmad el-Tayeb, éminent théologien, ancien mufti de la République égyptienne, ancien président et actuel recteur de l'université al-Azhar, véritable référence théologique de l'islam sunnite, lui a donné une « patente » pour son association en dépit de la méfiance et parfois de l'agressivité de l'orthodoxie sunnite.

La Alawiyya, qui existe depuis longtemps en Algérie, particulièrement à Mostaganem, connaît depuis une quarantaine d'années un destin particulier sous la maîtrise de son guide spirituel le cheikh Khaled Bentounès. Né en 1949, il se rend à Paris en 1968 pour y étudier le droit et l'histoire. Il y installe une entreprise d'import-export promise à un grand succès. En 1975, le décès brutal de son père qui était le guide spirituel de la confrérie le rappelle en Algérie, où le conseil des sages le désigne pour prendre la succession de son père. Après plusieurs refus, il finit par accepter et devient à vingt-six ans le quarante-sixième maître de la confrérie soufie al-Alawiyya.

Véritable bête noire des islamistes, il s'investit dans le tissu associatif des deux côtés de la Méditerranée : en 1990, il crée les scouts musulmans de France. Cette association, reconnue par l'État comme association nationale d'éducation populaire, fait partie dès 1994 de la Fédération française du scoutisme en France.

En 2001, Bentounès internationalise al-Alawiyya en fondant l'Association internationale soufie Alawiyya (AISA), reconnue en 2012 par l'ONU comme une organisation non gouvernementale internationale. Khaled Bentounès œuvre pour un meilleur vivre-ensemble en s'appuyant sur un héritage spirituel humaniste.

Avec les scouts musulmans de France, il organise la marche de la Flamme de l'espoir citoyen ; en novembre 2014, il lance avec l'AISA une campagne de mobilisation mondiale pour que les Nations unies décrètent une journée mondiale du vivre-ensemble.

Conclusion

Les outils de la connaissance et du savoir suffiront-ils à bâtir les passerelles nécessaires au dialogue des cultures ? Certains voudraient que surgisse le choc des civilisations ! Mais à quelle civilisation appartiennent donc les Français issus de l'immigration maghrébine ou africaine ou de je ne sais quel autre secteur de la planète ? Les flux migratoires auxquels on a assisté durant les quarante dernières années montrent à quel point la mobilité humaine a entraîné des brassages incessants. Dans la vieille Europe ou dans le Nouveau Monde, l'immigration est naturellement devenue un enjeu sociétal fondamental ; l'Australie, la Nouvelle-Zélande, le Canada accueillent depuis une décennie de plus en plus de populations qui ont choisi de s'y établir en provenance d'un monde musulman lui-même aussi divers que pluriel. L'identité du musulman ne puise plus ses composantes dans la seule civilisation islamique, qu'elle soit médiévale, ottomane ou colonisée ; s'y ajoute le choix d'être français, européen, nord-américain.

Le choc des civilisations cher à d'aucuns s'éloigne, mais nous serions fous d'ignorer le choc des cultures, d'abord dans le pays choisi par les immigrés, mais aussi entre ceux qui ont fait de leur religion leur seul socle identitaire. Il est remarquable de noter que les Français musulmans de la troisième génération ignorent tout de l'islam et de leurs pays d'origine ; il est encore plus remarquable de voir à quel point ils expriment dans leur démarche d'affirmation identitaire le droit à la ressemblance et non celui à la différence. C'est en ce sens que les passerelles sont devenues indispensables ; celle du savoir n'est sans doute pas suffisante mais elle est nécessaire pour – répétons-le encore – connaître l'autre et, enfin, le reconnaître. C'est à cette seule condition que, le choc des civilisations évité, nous ne sombrerons point dans la guerre de religion.

Aujourd'hui, l'islam doit faire face à de grands défis.

En premier lieu, une montée du radicalisme au sein même de la branche sunnite qui, rappelons-le, représente 90 % des musulmans dans le monde. Du Maroc à la Syrie, et jusqu'en Indonésie, l'islam radical issu de l'école hanbalite fait table rase des avancées effectuées par les penseurs et les théologiens musulmans depuis le milieu du XIXe siècle. Ceux que nous appelons les islamistes, c'est-à-dire les musulmans qui cherchent à islamiser ou à ré-islamiser les champs juridique, administratif, sociétal, économique et politique de la société, ont largement remporté les élections en Égypte, en Tunisie, et une grande partie des suffrages en Libye. Ce sont eux également qui ont phagocyté la révolution au Yémen et en Syrie.

Leurs rivaux salafistes ne sont pas absents de la scène. Leur objectif est d'islamiser ou de ré-islamiser la société en la ramenant à la manière dont vivaient le Prophète et ses premiers compagnons au VIIe siècle. Alors que les islamistes cherchent avant tout à ré-islamiser les institutions étatiques, selon leur interprétation du Coran et de la Sunna (tradition du Prophète regroupant ses paroles et ses attitudes), les salafistes, eux, ne s'intéressent pas à l'État.

Salaf, en arabe, signifie « le vrai, l'originel, le pur ». Actuellement, islamistes et salafistes sont rivaux ; demain, lorsque le califat sera établi et que les sources de législation seront exclusivement le Coran et la Sunna du Prophète, ils seront alliés.

L'islamisation des sociétés arabes donne cependant l'apparence d'être un épiphénomène. Si l'on analyse les résultats des élections législatives en février-mars 2012 en Égypte et ceux de la présidentielle de mai, force est de constater qu'islamistes et salafistes ont perdu 25 % des suffrages en deux mois. En Tunisie, le gouvernement dirigé par un islamiste s'évertue à faire le grand écart. Pendant combien de temps encore ? Lorsque les salafistes ont jugé que l'exposition d'art contemporain « Le printemps des Arts », qui s'est tenue du 2 au 10 juin 2012 au palais Abdellia dans la banlieue de Tunis, était contraire aux principes de l'islam, ils ont tenté de s'en prendre aux artistes… le dernier jour de l'exposition ! Certes, le gouvernement a condamné ce coup de force, mais il a aussi accusé les artistes de provocation. À vouloir ménager toutes les parties, on prend le risque de n'en satisfaire aucune.

Si le Printemps arabe est toujours en marche, les signes alarmistes s'accumulent. Le 11 septembre 2011, le Conseil national de transition libyen décidait que l'islam, c'est-à-dire le Coran et la Sunna, serait la source de législation dans le pays. Ce projet est également en discussion en Égypte et en Tunisie.

Dans ce dernier pays, et malgré quelques incidents ponctuels, la révolution de Jasmin semble exemplaire : les élections du 23 octobre 2011 ont été maintenues afin qu'une assemblée constituante se détermine sur les articles en débat. En Égypte, il faudra attendre le scrutin présidentiel de décembre 2012 pour se prononcer sur la stabilité de la révolution de la place Tahrir. Cependant, les résultats déjà probants sur le terrain nous amènent à nous demander à qui profitent les événements ayant abouti à l'atomisation, à la communautarisation de la région. En effet, la Libye n'est pas encore réunifiée ; le Yémen risque un nouvel éclatement ; la berbérité s'éveille en Algérie et au Maroc ; la Syrie est sous la menace d'un éclatement du pays – les Alaouites au pouvoir pourraient se replier dans la vallée des Nazaréens, qui couvre toute la façade maritime de la Syrie (l'enclave sunnite regroupant les villes de Homs, Hama et Damas ; Alep reste jusqu'à ce jour un enjeu de conflit).

Au-delà des faits, se pose la question de la légitimité d'une intervention occidentale en Libye et du passage d'une diplomatie d'intérêt à une diplomatie de valeurs. Dans ces conditions, pourquoi alors ne pas intervenir au Zimbabwe, en Corée du Nord, à Bahreïn, en Syrie, au Yémen et dans tous les pays où les populations civiles sont opprimées par leur propre gouvernement ? Ayant manqué de réagir à temps aux révoltes tunisienne et égyptienne, nous avons cherché à nous rattraper en Libye en voulant défendre les populations civiles de Benghazi – ce qui était tout à notre honneur – mais en nous en prenant aux populations de Tripoli ! Certes, l'intérêt économique n'est pas étranger à notre enthousiasme, mais cela nous force à nous poser d'autres questions : quelle vision avons-nous de cette région ? Et quelle place la France y occuperait-elle et quel rôle jouerait-elle ?

Depuis le début des révolutions arabes, nous assistons à une surenchère du vocabulaire autour du mot « démocratie » : *democratia*, en grec, signifie « le gouvernement du peuple, par le peuple, pour le peuple ». En nous basant sur cette définition, nous constatons qu'aucun pays au monde ne répond à ces critères. S'il faut en croire Laurent Fabius, la démocratie serait avant tout « un homme = une voix ». Cela ne tient pas. Prenons l'exemple du Liban où coexistent dix-huit confessions, qui sont autant de communautés nationales. L'une de ces communautés connaissant un taux de natalité de 7,2 %, on peut imaginer, selon ce principe, qu'elle aura raisonnablement la majorité absolue dans un siècle. Les dix-sept autres confessions peuvent dès aujourd'hui faire leurs valises...

La France n'incarne pas la démocratie, mais la république, qui implique un processus démocratique.

Cette république-là est devenue un modèle universel. De l'autre côté de la Méditerranée, des populations nous observent. Sommes-nous encore crédibles ? Non. Non pas parce que nous avons lâché des amis tels que Hosni Moubarak, mais parce que, aujourd'hui, les socles de notre système sont instables. Notre république va mal.

Il serait utopique de penser que nous pouvons établir des démocraties presque parfaites dans des pays comme la Libye, où toute société civile a été brisée par Kadhafi, l'Égypte, où l'armée demeure depuis 1952 l'ossature du régime, ou encore la Tunisie, où le peuple doit, après plus de vingt ans de dictature, s'initier à nouveau au pluralisme. Nous pouvons en revanche espérer exporter notre modèle républicain qui comprend une citoyenneté qui nous rend coresponsables de la cité et un partage de responsabilité qui nous rend égaux à tous les niveaux, dans tous les secteurs. Cette citoyenneté transcende notre appartenance identitaire, communautaire et régionale alors que cette égalité engendre une solidarité, non pas malgré nous, mais à notre initiative, afin de garder intacte cette responsabilité collective de la cité. Citoyenneté, égalité, solidarité peuvent naturellement nous pousser, non pas à vivre ensemble ou à coexister en bons voisins, mais à « vouloir vivre ensemble ». Cette volonté nous permettrait alors de bâtir un peu plus chaque jour une fraternité *voulue*. Néanmoins, nos principes sacrés ne nous mettant pas à l'abri de dissensions profondes, nos anciens ont inventé le merveilleux concept de laïcité. La laïcité n'est pas seulement un droit à exercer son culte ou une liberté de culte pouvant aboutir, comme aux États-Unis, à des dérives sectaires : elle protège avant tout le droit de croire ou de ne pas croire, autrement dit la reconnaissance de l'athéisme ou de l'agnosticisme comme des démarches de recherche et de foi.

Et c'est là où le bât blesse : nous avons, hélas !, tendance à confondre foi et religion. La foi est une démarche volontaire d'adhésion à une croyance ; la religion est l'organisation temporelle d'une communauté dont les membres partagent, ou pensent partager, la même croyance. Or, qui dit organisation temporelle ou communauté induit naturellement la notion de pouvoir, tandis que la foi est un cheminement intime parsemé de doutes et de recherches.

Pour mieux consacrer cette confusion entre foi et religion, nous avons inventé, en langue française, le terme de « tolérance » : *tolero* signifie, en latin, accepter (l'autre), supporter (l'autre). Je demande qu'on me respecte tel qu'en moi-même, dans mon altérité. Je reprends à mon compte l'expression de Saint-Exupéry : « Ta différence m'enrichit. » Mais comment peut-on me respecter si on ne me reconnaît pas ? Comment peut-on prétendre me *reconnaître* si on ne me *connaît* même pas ?

La question se pose également à la religion musulmane. Arguant du fait que l'islam sunnite est censé être l'aboutissement du monothéisme, le messager Mouhammad étant proclamé « le sceau des prophètes », cette religion serait-elle au-dessus de tout apport critique ? La religion musulmane ne saurait être discutée… sans respecter un certain nombre de règles, comme dans tout débat digne de ce nom. Pour commencer, il est essentiel de bien s'entendre sur ce dont on parle. L'objet de ce livre est de rappeler quelques vérités sur l'islam.

« Affaire » des caricatures de Mahomet en septembre 2005, « affaire » des propos du pape, un an plus tard en septembre 2006, lors du discours du pape Benoît XVI à Ratisbonne sur le rapport entre la raison et la foi, intitulé *Foi, raison et université*, « affaire » Redeker en octobre 2006, affaire du film sur la vie de Mahomet réalisé par un Israélo-Américain et diffusé sur YouTube en septembre 2012, attentats de Paris en janvier 2015 et manifestations dans le monde contre la une de *Charlie Hebdo*… L'actualité semble plus que jamais marquée par des réactions virulentes et visibles de musulmans intolérants face aux critiques opposées à l'islam. S'agirait-il d'une manifestation caractéristique de cette religion, qui serait l'absence d'ouverture au dialogue et à l'esprit critique ? Seraient-ce seulement des épiphénomènes montés en épingle par des médias friands d'images « chocs » ? L'intuition semble nous guider vers la voie médiane. Mais qu'en est-il vraiment ? Plusieurs axes peuvent nous éclairer. Comme toujours, un rappel historique assorti d'une lumière sociologique et d'un regard sur le contexte international permet de mieux comprendre notre actualité.

L'écriture du Coran qui, jusqu'en 652, vingt ans après la mort du Prophète, était une tradition orale, mélange les deux périodes de la prédication, celles de

La Mecque et de Médine, et occulte la contextualisation, pourtant bien utile pour comprendre pourquoi l'islam traite parfois du seul temporel. Au XIe siècle, le calife décide de fermer les portes de l'*ijtihad*, c'est-à-dire d'interdire l'interprétation du Coran en dehors des quatre écoles juridiques reconnues. À partir de cette date, l'effort de compréhension personnelle n'est plus un devoir, il est même prohibé. Là réside la clé de la compréhension des débats actuels au sein de l'islam car, depuis cette décision, nombreux sont les penseurs qui ont appelé à un retour à l'*ijtihad* au-delà des seules écoles autorisées, à un développement de l'opinion personnelle, à une ouverture vers la modernité, loin de l'islam né au VIIe siècle et figé au XIe siècle.

Le contexte international

Tandis que le monde arabe et musulman connaissait une période d'émancipation et de modernisation nourrie par des débats intellectuels intenses, les puissances occidentales ont opéré un choix plus que regrettable dont elles paient aujourd'hui encore la facture. Ce choix est celui des États-Unis et de leur alliance avec une Arabie Séoudite marquée par l'obscurantisme et le prosélytisme à grand renfort de pétrodollars. À une époque où Nasser promouvait l'unité arabe, le royaume séoudien mettait en exergue les liens religieux pour souder la communauté musulmane par-delà les frontières. Sourd aux avancées énoncées dans les discours du général égyptien, Washington a préféré s'allier avec un État aux ressources pétrolières gigantesques, même si cela impliquait de soutenir un régime propageant une version radicale et intolérante de l'islam : le wahhabisme. Par le pacte de Quincy, signé le 14 février 1945, les États-Unis s'engageaient à assurer la sécurité de la dynastie régnante, alors en proie à des menaces internes, en échange de l'exploitation de son pétrole. Depuis, les deux États sont restés de fidèles alliés, malgré les épreuves issues d'une alliance si contraire à leurs valeurs affichées respectives.

La dernière épreuve en date fut celle du 11 septembre 2001. Comment maintenir des relations privilégiées avec un pays connu pour son prosélytisme islamiste et qui, de surcroît, est la nation dont étaient originaires quatorze des dix-neuf pilotes de l'air impliqués dans l'attentat ? Les yeux se sont alors braqués sur l'Afghanistan, mais les liens entre Riyad et les attentats contre les tours jumelles et le Pentagone n'étaient pas moins évidents que ceux dénoncés entre Kaboul et ces mêmes attaques. Par ailleurs, quand bien même il fallait intervenir en Afghanistan, fallait-il pour autant oublier les origines de la prise de pouvoir des Talibans ? En effet, obsédé par la lutte contre l'ennemi soviétique, le bloc mené par les États-Unis avait soutenu les islamistes combattant en Afghanistan et installé de ce fait un régime obscurantiste dès le départ des troupes soviétiques en 1989. Attaquer l'Afghanistan en 2001 revenait ainsi à « lâcher » ses alliés d'autrefois, après les avoir financés et armés. Soulignons, enfin, l'échec de cette intervention qui, quatorze ans après, n'a toujours pas réalisé la libération promise.

Après de longues décennies de soutien aux islamistes pour diverses raisons (lutte contre le communisme, exacerbation de tensions internes face aux dirigeants charismatiques comme Nasser, préférence pour des alliances rémunératrices, etc.), c'est une administration américaine paradoxalement empreinte de discours ultrareligieux qui stigmatise l'islamisme en le confondant avec l'islam. Le président Bush, lui-même *born again christian* (littéralement, « né chrétien une nouvelle fois »), souligne sa croyance à chaque fois qu'il le peut et envisage sa politique comme celle du Bien luttant contre le Mal. Dans ce contexte, et compte tenu du « passif » américain et occidental en général dans tout le Moyen-Orient, le ressentiment grandit et l'islamisme se fait chaque jour plus séduisant. Si les dernières élections en Palestine ont vu le Hamas gagner et former un gouvernement, c'est bien moins parce que la population locale adhère à son programme que parce qu'elle rejette le Fatah, dont la modération a été considérée comme signe d'impuissance face à l'impunité dont bénéficie l'État hébreu (la guerre contre le Liban de juillet 2006 ou les attaques quotidiennes contre des civils à Gaza ou en Cisjordanie étant les exemples les plus récents de violations du droit international demeurées sans suite). Selon cette même logique, les islamistes représentent la seule opposition, d'une part, aux régimes autoritaires et impotents, et, d'autre part, à l'Occident coupable d'une politique de « deux poids / deux mesures ». La mosquée s'avère en l'occurrence le plus souvent le seul lieu d'expression des frustrations accumulées.

EN FRANCE, UNE SITUATION COMPARABLE

Les grands traits de ce contexte international se retrouvent dans l'Hexagone. Au lendemain de la Seconde Guerre mondiale, les besoins de main-d'œuvre se sont révélés trop importants pour être satisfaits par les seuls ressortissants nationaux. La première génération d'immigrés musulmans en provenance d'Afrique du Nord et d'Afrique subsaharienne arriva donc en masse dans les années 1960 pour renforcer les rangs des travailleurs. Il n'était pas question d'assimilation, ni même d'intégration, puisque les ouvriers ainsi venus avaient vocation à repartir. Cette génération de musulmans a trouvé sa place sans difficulté car elle était nécessaire notamment au développement industriel de la France. Sur les chaînes de montage à Billancourt, par exemple, des lieux de prière ont été aménagés pour permettre à ces nouveaux ouvriers de travailler dans de bonnes conditions.

Dans les années 1970, la crise économique a mis fin à cette immigration de travail. Parallèlement, le regroupement familial décidé par le président Giscard d'Estaing a permis à ces travailleurs de s'installer réellement et durablement dans l'Hexagone. Sont alors apparues les premières inadaptations de la société française envers les musulmans : les cimetières, les repas à l'armée, à la cantine des écoles, les formulaires administratifs mais aussi les lieux de prière sont devenus autant de questions problématiques. De surcroît, les hommes, maintenant au chômage, vivent dans des « villes nouvelles » qui deviennent peu à peu des « banlieues difficiles ». Leurs enfants et leurs petits-enfants grandissent dans la pauvreté et l'exclusion (au ban de la cité). Ils connaissent mal les origines de leurs parents, ne parlent souvent pas l'arabe et n'ont pas reçu de véritable éducation sur l'islam. À partir de cette religion dont ils savent peu de chose, cette troisième génération bricole une nouvelle identité, opposable à la société française qui n'a pas su les inclure et aux parents qui n'ont pas su transmettre. Aujourd'hui, ces enfants – majoritairement des garçons, car les filles réussissent mieux dès l'école –, nourris de ces humiliations historiques et quotidiennes, constituent un public réceptif pour les prédicateurs charismatiques vendeurs d'identité forte, voire « rebelle ».

CRITIQUER L'ISLAM ?

Dès lors, critiquer l'islam devient une entreprise périlleuse pour plusieurs raisons. La première est qu'il faut absolument cesser les amalgames. Comme nous l'avons rappelé, les musulmans sont les premiers à vouloir institutionnaliser le débat, à le remettre au cœur de la religion à travers l'exercice de l'opinion personnelle, pour comprendre les textes. Parler des musulmans comme d'un bloc monolithique serait faire insulte à la grande majorité des pratiquants, qui s'adaptent chaque jour en fonction de l'environnement dans lequel ils vivent, et à ces nombreux penseurs qui, aujourd'hui comme hier, se battent contre l'obscurantisme, comme durent le faire les chrétiens jusqu'à Vatican II.

La deuxième raison est liée au contexte sociologique, national comme international, que nous avons rappelé. La critique de l'islam ne saurait se baser sur les comportements d'individus emportés par l'islamisme dans le but de lutter contre les problèmes de leur époque ou d'exprimer leur mal-être. Ces hommes et femmes sont simplement instrumentalisés et, s'ils se disent tout de même musulmans, ils sont en réalité partisans non de l'islam mais de l'islamisme (qui interprète le Coran de la manière la plus radicale possible sans aucun effort de contextualisation). Leurs guides sont des individus inscrits dans une banale lutte de pouvoir. Ben Laden, ses disciples et ses héritiers sont des dirigeants d'une mouvance islamiste au sens radical du terme qui vise la prise de pouvoir au sein des musulmans du monde, en brandissant en étendard la lutte contre les ennemis occidentaux et surtout les musulmans modérés.

La troisième raison, enfin, est une évidence qui mérite pourtant d'être rappelée : la critique de l'islam ne peut et ne doit pas être le fait de personnes qui répètent des préjugés. Elles sont légion et font autant de mal aux musulmans qu'au dialogue entre communautés.

Pour faire avancer le débat, critiquons l'islam mais ne faisons pas la même erreur que les islamistes : connaissons notre histoire, interrogeons nos savoirs propres et observons les réalités économiques et sociales qui forment le contexte actuel. Beaucoup de malentendus et de crises ou « affaires » seront ainsi évités.

Le second défi de l'islam, sans doute plus important, est la guerre fratricide qui déchire la religion musulmane depuis les années 1990, déchirure programmée certainement avec l'arrivée au pouvoir en Iran de l'ayatollah Khomeiny et l'instauration de la République islamique à Téhéran. Cet événement a permis aux chiites, qui, rappelons-le, représentent 10 % des musulmans dans le monde, de relever la tête après plusieurs siècles d'oppression subie face aux sunnites. Cette différence numérique écrasante n'a pas empêché l'Iran de devenir le « Vatican du chiisme ». Déjà au XVe siècle, la dynastie séfévide avait désigné cette branche de l'islam comme religion d'État afin de renforcer la séparation avec les Arabes, sunnites en grande majorité.

Avec l'arrivée de Khomeiny au pouvoir, l'Empire perse a connu un renouveau en instrumentalisant le chiisme pour pousser les frontières de l'empire dans l'espace arabe. La guerre sur/contre l'Irak menée par les Américains en 2003 a fait sauter le verrou irakien en installant les chiites (57 % de la population du pays) au pouvoir à Bagdad. Cet axe Téhéran-Bagdad-Damas-Hezbollah, apparemment chiite, s'est avéré un arc perse redonnant à la situation régionale ses caractéristiques ethnique, stratégique et religieuse. Ethnique dans la mesure où le conflit entre l'Iran et les pays arabes comme l'Arabie Séoudite ou l'Égypte reflétait l'opposition entre Perses et Arabes. Stratégique, parce que l'Iran voulait contrôler le golfe Persique par lequel transitent 17 % du pétrole mondial et 65 % de l'approvisionnement énergétique des Occidentaux – Japon compris –, et devenir, par ailleurs, une puissance méditerranéenne, ce qu'il est devenu grâce à cet arc qui aboutit, à la fois en Syrie et à Tyr au Liban, sur la Mare Nostrum. Religieuse enfin, car le chiisme présente de profondes différences avec le sunnisme, bien plus importantes que celles séparant le catholicisme et le protestantisme ou l'orthodoxie. En effet, le sunnisme se considère comme l'aboutissement du monothéisme. Changer de religion pour un sunnite implique un recul et un acte d'apostasie condamnable à mort sans jugement ni tribunal. Pour le chiite, les enseignements sont toujours sujets à interprétation. Cet effort d'interprétation, l'*ijtihad*, a été rendu nécessaire depuis l'an 652, date à laquelle le *Qor'an*, la récitation, est passé du stade oral à celui de l'écrit. Comme nous l'avons dit plus haut, sa rédaction a confondu les deux périodes de la prédication, celle de La Mecque articulée autour du spirituel et celle de Médine autour du temporel. Ce mélange, qui a rendu l'islam englobant, a bien entendu nécessité l'*ijtihad*, confié selon la parole du Prophète « à ceux qui possèdent le savoir ». Il y eut à cette époque un bouillonnement intellectuel certain avec la création d'une multitude d'écoles, mais le califat, à la fin du XIe siècle, a mis fin à tous les processus d'interprétation, figeant dogmatiquement le sunnisme jusqu'à nos jours. Il n'y a plus aujourd'hui de Commandeur des croyants pour revenir sur cette décision. Dans le chiisme, en revanche, cet *ijtihad* n'a jamais cessé.

De surcroît, s'il n'y a pas de clergé dans le sunnisme – l'imam, le qadi ou le mufti étant des fonctions auxquelles le pouvoir politique nomme des dignitaires –, il en existe un excessivement hiérarchisé dans le chiisme, dont l'ultime grade est précisément l'imam, véritable guide de la communauté. L'imamat, auquel croit tout chiite, s'inscrit dans la lignée d'Ali, le cousin et gendre du Prophète, mais il se trouve que certains imams chiites sont considérés comme cachés et non pas morts, ce qui a donné lieu à plusieurs dissidences au sein du chiisme. La branche la plus importante est celle qui a suivi jusqu'au douzième imam, lui-même occulté, et qui, selon les textes chiites, reviendra avec le *Mahdi* (« le Messie ») pour juger les vivants et les morts – ce qui n'est pas sans rappeler à la fois l'attente du Messie, dans le judaïsme, et la même fonction suprême attribuée au Christ à la fin des temps, selon la foi chrétienne.

Ainsi, à partir du même socle, ont évolué deux religions totalement différentes. Le massacre de la tribu afghane des Hazaras par l'armée du Nord du commandant Massoud en 1992 a réveillé les guerres qui ont émaillé l'histoire des sunnites et des chiites. L'histoire s'est transposée au Pakistan (40 % de chiites), en Inde (35 %), en Irak, sous le couvert d'une guerre civile qui n'en portait pas le nom, à Bahreïn (70 %), au Liban, aujourd'hui en Syrie, et même en Chine où les chiites, au sein des populations Hui et Ouïgours dans le

Xinjiang, représentent entre 3 % et 6 % des 85 millions de musulmans du pays.

Cette guerre fratricide fait des victimes chaque jour dans tous les recoins du globe et continue d'exacerber le radicalisme, d'un côté comme de l'autre. Une guerre qui ne concerne en aucune manière les Occidentaux, qui, pourtant, prennent parti. Au lieu de tenter d'être une passerelle, à défaut d'un médiateur, ils participent à cette radicalisation en versant de l'huile sur le feu, leur posture étant à mettre sans doute sur le compte de l'ignorance et de la méconnaissance.

Glossaire

Adab : « Belles Lettres » destinées à l'éducation de l'« honnête homme ».

Adala : justice.

Adhân : l'appel à la prière.

Ahl al-Beyt : « les gens de la Maison », c'est-à-dire la famille du Prophète.

Ahl al-Kitab : « les gens du Livre », c'est-à-dire les juifs et les chrétiens.

Allah : ce nom, connu avant la révélation du Prophète, désignait le Dieu créateur. Dans le Coran, Allah est pourvu de nombreux attributs : il est le Subsistant, l'Unique, l'Éternel sans pareil, sans contraire… Le Livre lui donne quatre-vingt-dix-neuf noms pour que, par eux, les hommes puissent l'invoquer (voir p. 48-52). C'est un terme qu'utilisent aussi les chrétiens en Orient.

Anges : du grec *angelos*, « messager ». Êtres immatériels créés par Dieu pour lui servir de messagers auprès des hommes. Certains d'entre eux lui désobéirent et sont appelés couramment démons ou diables.

Ansar : « défenseurs » médinois qui accueillirent le Prophète.

Ayatollah : « le signe de Dieu ». Désigne chez les chiites les membres du clergé de haut rang.

Bab al-ijtihad : porte de l'effort d'interprétation, close par les sunnites.

Calife : « lieutenant », successeur du Prophète à la tête de la communauté.

Châféisme : à la fois une des quatre écoles juridiques et un rite du sunnisme, le châféisme domine surtout dans les pays de langue arabe et en Basse-Égypte, dans le Delta.

Chahâda : profession de foi musulmane.

Chahid : combattant martyr. Sanctifié par le Coran, il a droit au paradis.

Charia : Loi musulmane. Au sens originel, « la voie à suivre », telle qu'elle est prescrite par Dieu dans le Coran et la Sunna. D'où son sens de Loi, avec une majuscule.

Cherif (Churafa') : littéralement « noble » ; désigne également les descendants du Prophète.

Chiisme : deuxième schisme de l'islam, en 657. Il existe deux écoles chiites, les duodécimains, qui vénèrent douze imams, et les ismaéliens, qui en vénèrent sept. Environ 10 % des musulmans sont chiites.

Coran : le Livre saint des musulmans, dicté en arabe par Dieu à Mahomet.

Dar al-Islam : le monde de l'Islam.

Dar al-Harb : le monde de la guerre.

Dar al-Sulh : le monde de la trêve, de la conciliation.

Dars : leçon qui précède parfois la prière du vendredi.

Dhikr : formule rituelle, invocation répétée du nom d'Allah.

Dhimma : statut de protection des gens du Livre (juifs, chrétiens et zoroastriens) appelés *dhimmis*.

Dhimmi : non-musulman protégé par la communauté, « gens du pacte ».

Din : religion.
Fana : processus d'anéantissement en Dieu.
Fatiha : première sourate du Coran.
Fatwa : édit religieux.
Fidaï (au pluriel *fidaiyin*) : celui qui sacrifie sa vie.
Fiqh : science du droit musulman. Sa racine veut dire « connaître, examiner ». Désigne le droit musulman élaboré par des théologiens juristes, les Fuqaha (au singulier Faqih). L'interprétation des sources de l'islam est considérée comme close depuis le IXe siècle.
Fin des Temps : terme ultime de l'Univers tel que nous le connaissons et moment où tous les hommes seront appelés en jugement devant Dieu. On parle dans l'islam du Jour de la résurrection.
Hadith : propos du Prophète dont la somme constitue la Sunna.
Hajj : pèlerinage à La Mecque. Ce mot est également un titre pour le musulman qui a accompli ce pèlerinage. Il se place alors devant le nom propre.
Hallal : licite. Se dit de la viande des animaux qui ont été saignés conformément aux prescriptions coraniques.
Hânif : celui qui pratiquait le monothéisme avant l'islam, qu'il soit chrétien ou juif, ou encore pratiquant un monothéisme naturel. Le premier humain à mériter cette appellation dans le Coran est Abraham qui « a été un guide, un homme docile à Allah, un hânif et il n'a pas été parmi les Associateurs » (XVI, 120).
Haram : « interdit », « sacré ».
Harem : appartement des femmes ; désigne aussi les femmes qui l'habitent.
Hégire : départ de Mahomet de La Mecque pour Médine, en 622. Début de l'ère musulmane.
Hijab : foulard, souvent noir, destiné à cacher les cheveux.

Hikma : sagesse.
Hujjat al-islam : membre du clergé chiite de rang intermédiaire.
Ijma' : consensus des croyants.
Ijtihad : effort personnel de recherche et d'interprétation du Coran, des hadiths et de la Sunna.
Ikhwan : « frères », adeptes d'une confrérie religieuse.
Imam : directeur de la prière du vendredi à la mosquée ; chez les chiites, chef de la communauté.
Iman : foi.
Isnad : chaîne des transmetteurs d'un hadith.
Jabar : toute-puissance divine.
Jihad : ce terme, qui désigne l'effort sur soi-même en vue de l'application de la Loi divine sur terre, a été pris abusivement au sens de combat, voire d'acte de guerre, alors que sa connotation religieuse en fait plutôt un appel à la conversion des âmes. Mais l'histoire montre que la conversion des âmes a pu parfois se traduire par un effort militaire pour renforcer et étendre la communauté religieuse.
Kaaba : sanctuaire des musulmans à La Mecque.
Kafir : infidèle.
Khalîfa : calife.
Kharejisme : premier schisme de l'islam, en 657. Les kharejites, « les sortants », partisans d'Ali, représentent moins de 1 % des musulmans.
Khotba : sermon du vendredi à la mosquée.
Kitâb : livre.
Kufr : infidélité.
Kuttab : école coranique.
Madrasa : collège théologien d'État.
Mahdi : « celui qui est guidé par Dieu », messie.
Malékisme : école juridique sunnite faisant une large place à la coutume. Rite surtout pratiqué au Maghreb.

Masjid : lieu de prière, mosquée.
Mawla : « client », nouveau converti.
Mihrab : niche indiquant la position de La Mecque dans une mosquée.
Minaret : tour pour l'appel à la prière.
Minbar : chaire à prêcher pour la prière du vendredi.
Mollah : religieux du bas de la hiérarchie chiite.
Mouhajiroun : compagnons du Prophète lors de l'émigration de La Mecque à Médine.
Moujahid : celui qui mène le *jihad* au nom d'Allah.
Moujtahid : savant théologien autorisé à statuer en matière de droit canon. Il est chargé de l'interprétation chez les chiites.
Muezzin : celui qui lance l'appel à la prière.
Musulman : de l'arabe *muslim*, celui qui s'en remet à Dieu. Désigne celui qui adhère volontairement et en conscience à la révélation du Coran et le manifeste par ses actes.
Nabi : prophète.
Omra : petit pèlerinage à La Mecque.
Orthodoxie : caractère de ce qui est strictement conforme à la doctrine d'une religion.
Oumma : terme tiré du Coran qui désigne la communauté des croyants. La *oumma* se doit d'être unie pour demeurer la référence morale indivise de tous les musulmans.
Oulémas (au singulier *'Alim*) : savants en science religieuse musulmane.
Paradis : lieu situé en dehors de notre univers et destiné au séjour de ceux qui après leur mort jouiront de la présence de Dieu.
Prophète : personnage investi par Dieu d'une mission auprès des hommes. Les prophètes de l'Ancien et du Nouveau Testament sont pour la plupart des prophètes bibliques honorés dans le Coran. Les plus cités sont

Moïse, Abraham (vingt-cinq sourates différentes), Jésus de Nazareth ('Issa en arabe), Marie (la mère de Jésus), Joseph, etc.

Qadar : décret divin, destin.

Qibla : direction de La Mecque. Mur de la mosquée orienté dans cette direction.

Qoreiche : tribu arabe mecquoise, dont fait partie le clan des Hachem, auquel appartient Mahomet.

Raka : division de la prière rituelle.

Ramadan : neuvième mois du calendrier lunaire. C'est le mois du jeûne.

Rassoul : messager envoyé de Dieu.

Sadaqa : aumône volontaire qui purifie le croyant en l'amenant à secourir les pauvres.

Salafiste : celui qui revient à l'origine vraie, à la vérité. Désigne les islamistes, mais aussi parfois les réformistes qui veulent revenir aux sources de l'islam pour mieux recommencer l'interprétation, l'*ijtihad*.

Salam : ce terme qui signifie « la paix » fait partie des attributs de Dieu. C'est la formule traditionnelle de salutation dans tout l'islam.

Sawm : jeûne.

Soufis : mystiques.

Sourate : nom donné aux chapitres du Coran qui en contient 114 et 6 226 versets. Le classement des sourates a été effectué selon leur longueur, en ordre décroissant, sauf pour la première d'entre elles, la Fatiha, « l'Ouvrante », qui ne comporte que sept versets. Toutes les sourates, sauf une, commencent par la formule « Au nom de Dieu, le Clément, le Miséricordieux ». Dix-neuf d'entre elles sont précédées de quelques lettres dont on ignore la signification.

Sunna : tradition du Prophète, composée de hadiths.

Tafsir : commentaire du Coran.

Takbir : récitation de la formule *Allah Akbar*, c'est-à-dire « Dieu est le plus Grand ». Prononcée au début de chaque prière, elle est ensuite répétée cinq fois. L'appel à la prière et la prière mortuaire sont précédés d'un quadruple *takbir*.

Tassawouf : mystique musulmane.

Târiqa : voie spirituelle propre à une confrérie.

Tawhid : affirmation de l'unicité divine.

Ta'wil : interprétation des textes.

Tchador : mot iranien désignant le voile, noir en général, qui enveloppe le corps des femmes. En afghan, on dit *tchadri*.

Traditionniste : celui qui recueille les hadiths du Prophète.

Wahhabisme : rite inspiré du hanbalisme. Introduit par le réformateur piétiste Mohammed Abdel Wahhab (1703-1792), il est pratiqué en Arabie Séoudite.

Wali : gouverneur, ami et saint.

Zakat : l'aumône légale, l'une des cinq obligations de l'islam. Annuelle, elle purifie le croyant en l'amenant à secourir les pauvres comme l'aumône volontaire.

Zawia : confrérie.

Repères chronologiques

570	Naissance de Mouhammad.
610	Début de la prédication.
622	Hégire de Mouhammad à Médine, début de l'ère islamique.
632	Mort de Mouhammad. Après cette date, les Arabes conquièrent la Sicile, la Mésopotamie et l'Afrique du Nord. Ils pénètrent en Espagne et en Inde.
632-634	Abou Bakr, premier calife, rassemble les révélations faites par Allah à Mouhammad, qui constituent le Coran.
634-644	Omar, deuxième calife.
644-656	Othman, troisième calife. Rédaction du Coran.
656-661	Ali, quatrième calife et premier imam.
657	Bataille de Siffin sur l'Euphrate entre Ali et Mo'awiya. Naissance des kharejites.
661	Mort d'Ali.
661-750	Califat des Omeyyades (siège : Damas).

680	Mort de Hussein dans la bataille de Kerbala et séparation définitive entre sunnites et chiites.
732	Bataille de Poitiers.
750-1258	Califat des Abbassides (siège : Bagdad).
756-1031	Domination des Omeyyades en Espagne.
765	Mort de Ja'far al-Sâdiq, VIe imam et père d'Ismaël, VIIe imam des ismaéliens.
767	Mort d'Abou Hanifa, fondateur des hanafites.
795	Mort de Malik Ibn Anas, fondateur des malékites.
820	Mort d'Al-Châfe'i, fondateur des châféites.
855	Mort d'Ahmad Ibn Hanbal, fondateur des hanbalites.
874	Disparition de Mouhammad al-Muntadhar, XIIe imam des duodécimains.
890-906	Hamdân Qarmat fonde le courant des qarmates.
922	Exécution, à Bagdad, du mystique Al-Hallâj pour hérésie.
909-1171	Califat des Fatimides en Égypte et en Syrie.
1095	Le pape Urbain II appelle les chrétiens à la première croisade qui aura lieu en 1099.
1111	Mort du philosophe et mystique Al-Ghazâlî.
1207-1922	Dynastie turque des Ottomans.
1453	Fin de l'Empire byzantin : le sultan ottoman Mouhammad II conquiert Constantinople.

1492	Conquête de Grenade par les souverains espagnols. C'est la fin de l'occupation islamique en Espagne.
1526-1806	Dynastie moghole en Inde.
1529	Les Ottomans sont aux portes de Vienne.
1571	Victoire des Vénitiens et des Espagnols à la bataille navale de Lépante.
1780	Mohammed Abdel Wahhab réforme la religion musulmane en Arabie.
1880	Fondation de la confrérie des Ahmadis en Inde.
1880-1920	Développement du courant préislamique.
1881-1898	Révolte du Mahdi au Soudan.
1922-1924	Kemal Atatürk, homme politique turc, abolit le sultanat et l'ex-sultan Mouhammad VI renonce aussi au titre de calife.
1928	Fondation des Frères musulmans à Ismaïlia.
1945	Fondation de la Ligue arabe au Caire.
1947	Le Pakistan devient un État musulman indépendant.
1948	Création de l'État d'Israël et première guerre israélo-arabe.
1979	Chute de Mouhammad Rezâ Shah. Proclamation de la République islamique d'Iran.
1980	Début de la guerre Iran-Irak.
1988	Fin de la guerre Iran-Irak. Plusieurs centaines de milliers de civils et de militaires furent tués des deux côtés du champ de bataille.
1990	Annexion du Koweït par Saddam Hussein.

1991	Une coalition internationale dirigée par les Américains libère le Koweït. Disparition de l'URSS qui permet à cinq pays musulmans de se doter d'un régime laïc. Début de la guerre civile en Algérie.
1998	Le Pakistan devient le premier pays musulman à détenir la bombe atomique. *août :* Deux attentats contre les ambassades américaines à Nairobi (Kenya) et à Dar es-Salam (Tanzanie). Ces attentats provoquent la mort de 257 personnes. Il y a eu plus de 5 000 blessés dans ces deux attaques. Ben Laden serait à l'origine de ces attentats.
2000	Le destroyer américain *USS Cole* est partiellement détruit par un attentat au Yémen perpétré par des islamistes. Cet attentat provoqua la mort de 17 personnes. Les Américains soupçonnent Al-Qaida d'en être le responsable.
2001	*11 septembre :* Deux avions quittent Boston pour se rendre à Los Angeles. Ils sont dirigés par des terroristes qui les font exploser dans les deux tours du World Trade Center. D'autres attentats ont lieu le même jour aux États-Unis. Plus de 3 000 personnes ont perdu la vie dans ces attentats, y compris les terroristes. *octobre :* Les États-Unis envahissent l'Afghanistan en représailles contre les attaques du 11 septembre. Il s'agit d'une « guerre contre le terrorisme » déclenchée par l'administration Bush.

2002 *12 octobre :* Attentats de Bali en Indonésie. Plus de 200 morts.

2003 Invasion de l'Irak par une coalition menée par les États-Unis.

2004 Le GSPC (« Groupe salafiste pour la prédication et le combat ») multiplie ses filières de recrutement. Il a des cellules actives en France et en Espagne. De nombreux combattants se battent aux côtés d'Al-Qaida en Irak. En Europe, plus de 340 personnes ont été arrêtées dans le cadre d'affaires liées au terrorisme international.

2007 *janvier :* Le GSPC devient « AQMI » (« Al-Qaida au pays du Maghreb islamique »).

2010 *décembre :* Un citoyen tunisien, Mohamed Bouazizi, marchand ambulant de fruits et légumes s'immole par le feu suite à la saisie de sa marchandise. La révolte gronde. La contestation s'étend en Algérie et au Yémen.

2011 *14 janvier :* Ben Ali prend la fuite en Arabie Séoudite. Il était chef de l'État tunisien depuis 1987.

25 janvier : « Journée de la colère » pour les Égyptiens qui réclament « du Pain, de la Liberté et une Justice sociale ». Au cours des quarante dernières années, les autorités égyptiennes n'ont pas su accompagner la transition profonde à laquelle a fait face la société égyptienne qui est due notamment à une baisse de la fécondité, à une urbanisation massive, à la consolidation de l'islam militant dans le pays, aux conséquences du traité de paix avec Israël, etc.

5 février : « Journée de la colère » en Syrie. Début des affrontements. La population demande notamment le limogeage du gouvernement « corrompu », la formation d'un gouvernement de Salut national et l'organisation d'élections libres.

11 février : Moubarak quitte le pouvoir en Égypte après 18 jours de manifestations ininterrompues au Caire. L'armée est aux commandes de l'État égyptien.

15 février : La répression est sanglante en Libye. Un Conseil national de transition (CNT) est mis en place par les insurgés pour agir en tant que pouvoir exécutif de la Libye. Il est reconnu par les autorités internationales.

17 mars : La résolution 1973 du Conseil de sécurité de l'ONU est adoptée. Elle autorise les pays occidentaux à exécuter des frappes aériennes contre les forces de Kadhafi pour protéger le peuple libyen.

3 août : Début du procès de Hosni Moubarak.

août : Prise de Tripoli par les insurgés avec à leur tête la katiba islamiste de Belhadj, fuite et mort de Kadhafi.

21 octobre : Barack Obama annonce le retrait des derniers soldats américains d'Irak avant le 31 décembre 2011. Ce retrait est conforme aux accords passés en 2008 entre les États-Unis et l'Irak.

23 octobre : Le parti islamiste modéré tunisien Ennahda remporte les élections à l'Assemblée constituante avec 90 sièges sur les 217 qui composent l'Assemblée.

23 octobre : Fin de l'opération militaire de l'OTAN en Libye. Le CNT proclame la « libération » de la Libye, mettant officiellement fin à la guerre civile.

14-22 décembre : Les Frères musulmans et les salafistes remportent les élections législatives en Égypte avec 36 % pour les Frères musulmans et 27 % pour les salafistes.

2012 *mars :* En Égypte, les Frères musulmans remportent plus de 60 % des sièges à l'Assemblée constituante.

12 avril : Kofi Annan présente aux Syriens un plan de paix sans succès. Il démissionnera de son poste le 2 août 2012 après avoir essuyé le refus des Syriens de respecter un cessez-le-feu.

juin : Moubarak est condamné à la prison à vie.

24 juin : Mohamed Morsi est officiellement proclamé président de la République égyptienne suite à une élection présidentielle qui l'a opposé à Ahmed Chafiq (Morsi obtient 51,7 % des voix).

11 septembre : L'ambassadeur américain en Libye, Chris Stevens, et trois autres Américains sont tués dans une attaque du consulat américain à Benghazi.

22 novembre : Le président égyptien Morsi s'attribue par décret des pouvoirs élargis, déclenchant une vague de protestation.

22 décembre : Adoption d'une nouvelle Constitution en Égypte.

2013 *6 février :* L'opposant laïc Chokri Belaïd est assassiné en Tunisie.

23 avril : Attentat contre l'ambassade de France à Tripoli.

30 avril : Le chef du Hezbollah libanais, Hassan Nasrallah, reconnaît que son parti est engagé militairement aux côtés de l'armée syrienne. Le 5 juin l'armée syrienne, épaulée par ses combattants, reprend la ville de Qousseir.

30 juin : Manifestations massives en Égypte contre le président Morsi, arrêté par l'armée le 3 juillet.

25 juillet : L'opposant tunisien Mohamed Brahmi est assassiné en Tunisie, ce qui déclenche une nouvelle crise politique.

14 août : L'armée disperse les partisans du président Morsi au Caire, faisant des centaines de morts.

16 août : Le conflit syrien menace de déborder au Liban, qui subit une vague d'attentats.

21 août : Le régime syrien est accusé d'avoir tué à l'arme chimique des centaines de personnes dans la banlieue de Damas.

14 septembre : Accord américano-russe sur le démantèlement de l'arsenal chimique syrien. Dans la foulée, le Conseil de sécurité de l'ONU adopte une résolution sur la destruction de la totalité des armes chimiques syriennes en moins d'un an.

4 novembre : Début du procès de Mohamed Morsi.

25 décembre : Les autorités égyptiennes déclarent les Frères musulmans « organisation terroriste ».

2014

14-15 janvier : Référendum sur les nouveaux amendements constitutionnels en Égypte. Le « oui » l'emporte à 38,8 % des voix (avec une participation d'environ 36 % des inscrits).

22 janvier : ouverture de négociations entre représentants du gouvernement et de l'opposition syrienne sous l'égide de l'ONU dans le cadre de la conférence « Genève 2 ». Les tractations se poursuivent jusqu'au 15 février, mais n'aboutissent pas.

6 mars : Saadi, un des fils de Mouammar Kadhafi réfugié au Niger, est renvoyé à Tripoli qui l'accuse de meurtre et d'implication dans la répression de la révolte de 2011.

11 mars : Le Premier ministre libyen Ali Zeidan est démis de ses fonctions par le Parlement.

5 mai : Le Congrès général national libyen (CGN, Parlement) ratifie la nomination d'Ahmed Miitig comme Premier ministre.

26-28 mai : Victoire du maréchal Abdel Fattah al-Sissi à l'élection présidentielle égyptienne.

26 et 29 mai : Le journaliste libyen Meftah Bouzid, connu pour ses prises de position critiques envers les islamistes, est tué par balles ; trois jours plus tard, la journaliste Naseeb Miloud Karfana et son fiancé sont enlevés devant les bureaux de la chaîne publique de télévision libyenne Al-Wataniya, à Benghazi, et retrouvés égorgés.

3 juin : Élection présidentielle dans les zones tenues par le régime syrien. Bachar al-Assad remporte le scrutin sans surprise.
25 juin : Élections législatives en Libye, 42 % de participation. À Benghazi, l'avocate et militante des droits de l'homme Salwa Bouguiguis est assassinée chez elle.
29 juin : L'État islamique en Irak et au Levant proclame l'inauguration d'un « califat » islamique.
21 juillet : Les résultats définitifs des législatives libyennes montrent une nette avance de la mouvance « civile » par rapport aux islamistes.
23 août : L'Assemblée libyenne sortante, dominée par les islamistes, refuse le Parlement qui l'a remplacée. Ce Parlement est contesté par des manifestants depuis qu'il a appelé à une intervention étrangère pour protéger les civils.

Été : Kobané est assiégée par l'État islamique, mais ne tombe pas entre ses mains.
Automne-hiver : Bombardements aériens des positions de l'État islamique.

2015 *Mars :* Tikrit est reprise à l'État islamique.
2 avril : Engagement au sol des Iraniens en Irak.

Bibliographie

L'islam

Caroline ARNOULD, *Jérusalem*, Autrement, 1998.

Malek CHEBEL, *Encyclopédie de l'amour en Islam*, Payot, 1995 ; rééd. « Petite bibliothèque Payot », 2 vol., 2003.

Anne-Marie DELCAMBRE, *L'Islam*, La Découverte, 1991 ; rééd. 2004.

Cyril GLASSÉ, *Le Dictionnaire de l'islam*, Bordas, 1991.

Oleg GRABAR, photographies de Saïd NUSEIBEH, *Le Dôme du Rocher, joyau de Jérusalem*, Albin Michel, 1997.

Henri LAMMENS, *Fatima et les filles de Mahomet*, Rome, Institut biblique pontifical, 1912.

Le Livre de l'échelle de Mahomet, traduit du latin par G. Besson *et al.*, Le Livre de poche, 1991.

Dominique SOURDEL, *L'Islam*, PUF, « Que sais-je ? », rééd. 2009.

Odon VALLET, *Le Dieu du Croissant fertile*, Gallimard, « Découvertes Gallimard », 1999.

Éva de VITRAY-MEYEROVITCH, *La Prière en Islam*, Albin Michel, 1998.

Le Voyage nocturne de Mahomet, traduit et présenté par J.-E. Bencheikh, Imprimerie nationale, 2002.

Sabrina MERVIN, *Histoire de l'islam. Fondements et doctrines*, Flammarion, « Champs », 2010.

Mahomet

Jacqueline CHABBI, *Le Seigneur des tribus : l'islam de Mahomet*, Noêsis, 1997 ; rééd. CNRS Éditions, 2013.
Anne-Marie DELCAMBRE, *Mahomet, la parole d'Allah*, Gallimard, « Découvertes Gallimard », 1987 ; rééd ; 2009.
Sophie POMMIER, *Mahomet*, Gallimard-Jeunesse, 1995.
Maxime RODINSON, *Mahomet*, Le Seuil, 1994.

Le *jihad*

Jean-Paul CHARNAY, *Principes de stratégie arabe*, L'Herne, 1984 ; rééd. 2003.
Jean-Paul CHARNAY, *L'Islam et la Guerre. De la guerre juste à la révolution sainte*, Fayard, 1986.
Jean-Paul CHARNAY, *Traumatismes musulmans*, Afkar, Al-Bouraq, 1993.

Islam et christianisme

Roger ARNALDEZ, *Jésus, fils de Marie, prophète de l'islam*, Desclée de Brouwer, 1981.
Cheikh Adda BENTOUNÈS, *Le Chœur des prophètes* suivi de *Jésus, âme de Dieu*, Albin Michel, 1999.
Hans KÜNG, *Le Christianisme et les religions du monde : islam, hindouisme, bouddhisme*, Le Seuil, 1986.

Le chiisme

Fariba ADELKHAH, Jean-François BAYART et Olivier ROY, *Thermidor en Iran*, Complexe, 1993.
Heinz HALM, *Le Chiisme*, PUF, 1995.

Femmes en islam

Assia DJEBAR, *Loin de Médine : les filles d'Ismaël*, Albin Michel, 1991.
Ghita EL-KHAYAT, *Le Monde arabe au féminin*, L'Harmattan, 1985.
Camille LACOSTE-DUJARDIN, *Des mères contre les femmes : maternité et patriarcat au Maghreb*, La Découverte, 1985.
Fatima MERNISSI, *Le Harem politique, le prophète et les femmes*, Albin Michel, 1987 ; rééd. 2010.
Juliette MINCES, *La Femme voilée, l'islam au féminin*, Calmann-Lévy, 1990.
Magali MORSY, *Les Femmes du Prophète*, Mercure de France, 1989.
Naoual SAADAOUI, *La Face cachée d'Ève : les femmes dans le monde arabe*, Des femmes, 1982.
Freidoune SAHEBJAM, *La Femme lapidée*, Grasset, 1990.
Germaine TILLION, *Le Harem et les Cousins*, Le Seuil, 1982.

Islamisme

Antoine BASBOUS, *L'Islamisme, une révolution avortée ?*, Hachette, 2000.
François BURGAT, *L'Islamisme en face*, La Découverte, 1995 ; rééd. 2007.

Olivier CARRÉ et Gérard MICHAUD (dir.), *Les Frères musulmans. Égypte et Syrie, 1928-1982*, Gallimard, 1983 ; rééd. L'Harmattan, 2002.

Martine GOZLAN, *Pour comprendre l'intégrisme islamique*, Albin Michel, 1995 ; rééd. 2002.

Séverine LABAT, *Les Islamistes algériens. Entre les urnes et le maquis*, Le Seuil, 1995.

Richard LABÉVIÈRE, *Les Dollars de la terreur. Les États-Unis et les islamistes*, Grasset, 1999.

Olivier ROY, *L'Échec de l'islam politique*, Le Seuil, 1992 ; rééd. 2015.

Antoine SFEIR, *Les Réseaux d'Allah. Les filières islamistes en France et en Europe*, Plon, 2001.

Perspectives

Louis GARDET, *La Cité musulmane, vie sociale et politique*, Vrin, 1974.

Mohammed TALBI, *Plaidoyer pour un islam moderne*, Tunis, Cérès, 1998.

Malika ZEGHAL, *Gardiens de l'islam. Les ulémas d'Al-Azhar dans l'Égypte contemporaine*, Presses de Sciences-Po, 1996.

Remerciements

Mes remerciements vont bien entendu à l'équipe des *Cahiers de l'Orient*, à mon éditrice Claude Plettner, pour sa patience incommensurable, son écoute attentive et pour le temps qu'elle a consacré à la lecture minutieuse de ce qui est devenu en définitive un travail commun.

Table des encadrés

La *djahiliyya*, l'ignorance d'avant l'islam 16
Associateurs (*chirk*) 24
Être musulman 29
Le calendrier musulman et les fêtes 34
Les douze mois de l'année dans le calendrier musulman .. 35
Les cinq fêtes musulmanes 35
Classification des aliments 36
Le puits de Zamzam : Ismaël est sauvé de la mort 38
Droit d'Allah et droit des hommes 38
Fatiha : l'Ouvrante 46
Les 99 noms de Dieu en arabe et leur transcription française 48
La guerre sainte ou *jihad*, sixième pilier de l'islam ? ... 61
Le pacte d'Omar 67
La cité, l'État islamique du califat de Mo'awiya 83
Les hauts lieux de l'islam 90
Portrait d'Ali 96
L'interdit de l'image dans les religions monothéistes 133
Le Credo des Frères musulmans 142
Les six principes fondateurs du tabligh 149
Les Frères musulmans en Europe 152
L'islam en Asie 181
Les divergences culturelles et stratégiques de l'islam ... 189
La question du voile 203

Table des matières

[illegible] 19
[illegible]
[illegible] 32
Le calendrier [illegible] 34
Les [illegible] de l'année dans le calendrier [illegible] 39
[illegible]

Table des cartes

L'Arabie au temps du prophète 26
Les conquêtes arabes : l'expansion de l'islam sous Mahomet 77
L'expansion de l'islam du VIIe au milieu du Xe siècle... 88
L'expansion de l'islam aux Xe et XIe siècles 89
L'expansion de l'islam du XIe au milieu du XIIIe siècle. 129
L'expansion de l'islam du XIIIe au XVIe siècle 130
L'Empire ottoman à son apogée.................................... 135

Table

Introduction 7

1. L'Arabie avant Mahomet 11
2. La révélation islamique 19
3. Les pratiques de l'islam 31
4. Le Coran 43
5. Les écoles juridiques 53
6. Les quatre premiers califes ou la fondation de la religion 63
7. L'expansion de l'islam : les Arabes, les Omeyyades 73
8. L'Empire abbasside : l'expansion musulmane 85
9. Le chiisme 93
10. L'Empire ottoman 125
11. L'islamisme 137
12. La violence religieuse 155
13. L'islam aujourd'hui dans le monde 163
14. Les guerres de l'islam 185
15. L'islam en France 193
16. L'islam est-il soluble dans la République ou la démocratie ? 207
17. L'islam en Europe 215
18. Une voie d'avenir : le soufisme 239

Conclusion 247

Glossaire 265
Repères chronologiques 273
Bibliographie 283
Remerciements 287
Table des encadrés 289
Table des cartes 291

Mise en page par Meta-systems
59100 Roubaix

N° d'édition : L.01EHQN000848.B004
Dépôt légal : mai 2015
Imprimé en Espagne par Novoprint (Barcelone)